ルイス・コゾリーノ 著　山田 勝 監訳

THE MAKING OF A THERAPIST
A PRACTICAL GUIDE
FOR THE INNER JOURNEY

心理療法家になる

内界の旅への実践ガイド

誠信書房

謝　辞

　ノートン・プロフェッショナル・ブックスの担当編集者であるデボラ・マルマッドに，感謝の意を表したい。彼女は本書の企画から執筆までを通して，私を支え，助言し，励ましてくれた。また，計り知れないほど編集に関して創造的な情報を提供してくれた，ブルース・シンガーとシャロン・グランボにも，とても感謝している。

　デイヴィッド・ゴートン，フェイス・マックルーア，ジョン・ウィンをはじめとする友人たち，同僚たちにも，とてもお世話になった。彼らは，今回の試みに対して，かなりの知識と知恵を熱心に提供してくれた。ハンス・ミラー，アラン・ショア，ダン・シーゲルにも感謝している。彼らは，継続的に精神的な援助をしてくれ，創造的な情報を与えてくれた。最後に，どうしたら私を笑顔にできるかを常に心得ているスーザンに感謝を伝えたい。

はじめに

　私が心理療法家として最初の面接を始めようとしたとき，初めてパニック発作を起こしそうになった。相談室の壁にもたれかかることしかできず，汗をかきながら体の火照りを感じていた。授業を受け始めて何年も経つのに，そこで学んだことが思い出せなかった。クライエントの名前さえ，忘れてしまって——思い出すことができなかった。ジャニスだったか，ジョアンだったか，それともジョアニーだったか。私は壁の時計を見つめていたが，時間に負けないように走っている秒針よりも，私の頭は早く回転していた。「大丈夫ですか？」。そのとき，私のスーパーバイザーの声が聞こえた。私はおびえた5歳児のように彼を見た。彼は理解してくれているように見えた。彼は私の心を落ち着かせるように肩に手を乗せて，怖くなるのは普通のことだと言って，安心させてくれた。「たった五つのことを覚えているだけで，気分が良くなるよ」。彼は，以下のことを話してくれた。

- たとえどんなことが起こっても，パニックにはならないこと。
- クライエントはあなたよりも神経質である。
- もし何が起こったか分からなかったら，それが分かるまで平静を保つこと。
- クライエントは，あなたがしていることを，あなたは分かっていると思っているだろう。

そして，一番大事なことはこれだ。

　　●その時間を何とか切り抜ける（make it through）こと！

　この知恵で武装して，私は意を決して，クライエントに会いに待合室まで行った。その間ずっと，小声でこう繰り返していた。「その時間を何とか切り抜けること！　その時間を何とか切り抜けること！」。

　最初の面接の間，私はあまり話さなかった。クライエントはとてもドラマチックな人で，女優志望だった。彼女は部屋の向こう側まで歩かず，カウチの上で丸くなった。彼女は自分の家族，恋人，行き詰った仕事について，胸の内を吐露した。その間，私は座り，聴き，穏やかにし続けるように努め，訓練用ビデオで見た心理療法家のように訳知り顔でうなずいた。私は何とかして必要な質問を思い出して尋ね，私の懸念を伝え，そして，そう，彼女を正しい名前で呼ぶこともできた。

　すぐに面接時間は終わった。彼女はドアから出ていくとき，「気分が良くなりました。また来週来ます」と言った。私は立ち上がり，彼女が角を曲がっていくのを見送って，安堵のため息をついた。私は初めての面接を何とか切り抜けることができたのだ！　数カ月すると，私は心理療法家という自分の新しい役割に慣れてきた。私は徐々に「サバイバルモード」から，平静を保つことができ，聴くことができ，役に立つように努力することができるモードにシフトしていった。私の初期の面接は，その目的を果たしていた。私は，クライエントの向かい側に座ることに慣れていきつつあった。

想像と現実

　私たち一人ひとりは性格についての実験のようなものであり，生物学と経験の固有の組み合わせでできている。それが，私たちの強さ，弱さ，希望を作り出している。私たちはただの人間にすぎないが，多くの人は人間以上になろうと努力する。私たちには，そうなりたいという理想的イメージを構築

できる心が備わっているが，その非現実的な基準に沿えないという失望によって，重荷を背負わされてもいる。新しいキャリアの始まりは想像と現実がぶつかるときであり，そのときに私たちの幻想は，白昼の下で，そして証人立会いの下で，試されることになる。もしあなたがこの本を読んでいるのなら，すでに人生のそのような地点にたどり着いたようなものだ。心理療法家になるための訓練をすると，試されるのはあなたの知性ではなく，あなたの判断力，共感力，成熟度だということが分かる。心理療法家になることは，まぎれもなく心と魂の両方への挑戦なのである。

　他のほとんどの専門職と同じように，心理療法家になることは，増え続けるばかりの大きな知識の集まりを習得し，さまざまな技術を身につけ，複雑な関係性のかじ取りをすることである。逆に他の専門職とは異なり，有能な心理療法家になるのに必要なことは，内的世界と個人的な考えを同時に探索することである。訓練を始めたとき，私たちは二つの並行する旅に乗り出すことになる。一つは専門職の世界への外界の旅，そしてもう一つは，私たち自身の精神の迷宮をくぐり抜ける内界の旅である。

　この内界の旅の複雑さは，ほとんどの授業や初心者向けの本では，十分に扱われていない。本書では，（たとえば，解釈すること，文化に対する感受性，抵抗を同定することといった）なじみ深いトピックスを取り上げるが，私が本当に焦点を当てるのは，これらの問題の個人的で感情的な側面についてである。なぜなら，これらの問題が心理療法家に影響を与えるからである。以下の章では，心理療法家であることをめぐるあなたの体験について，新しい考え方を提供したい。その一つが，クライエントに焦点づけることと，（心理療法面接の内側と外側での）あなた自身の内的経験に注目することの間を，シャトル（往復）[訳注†1] することである。これら二つの気づきの流れが心理療法家の中で織り合わされるとき，最もうまく心理療法が機能するのである。

　長年にわたり，自分の内的世界に蓋をしながら心理療法家になりたいと望む学生を，たくさん見てきた。彼らは自分自身の感じや感情を避けて，「首

訳注†1　詳しくは第9章を参照。

より上」にとどまろうとしていた。こうした訓練生たちと関わると，私はしばしば悲しみを感じた。なぜなら，彼らの蓋をしたい欲求の下にある痛みを，私は感じることができたからである。残念ながらこの知性化の防衛は，個人の成長と良い心理療法家としての能力の発達の，両方にとって障害となる。心理療法を学ぶほとんどの学生が最初に挑戦すべき課題は，学問的な題材を習得することではなく，自分自身を知ることにつながる内的空間をくぐり抜けていく勇気を奮い起こすことである。自分の内的世界を探索することへの恐れが少ないほど，自分についての知識とクライエントを手助けする能力は，より増大するのである。

無意識を発見し手なずける

　数年前，友達のジェイソンと息子のジョーイを訪ねた。3 歳のジョーイはとても社交的で，観察眼が鋭く，活発な男の子だった。彼は毎朝早く起きると，私が寝ている客間に来た。そして，ベッドの私の横にもぐり込んできた。私はできるだけ長く寝たふりをした。1 日が始まるまでの数分を無駄にしたくなかったのだ。しかし，私が寝たふりをしても，ジョーイはおかまいなしに私の耳元で歌い始めた。

　それがうまくいかないと，彼は私をいじめる戦略を一歩進めて，「ルーおじさん，お気に入りのゲームは？」とか，「ルーおじさん，朝ごはんはフレンチトーストがいい？」といった質問をしてきた。ある朝，ジョーイはいつになく静かだった。そのうち，彼が私を優しくたたき，私の髪をなでるのを感じた。そして彼は静かに，「ルーおじさん，おじさんの髪はどこか悪いの？」と言った。このときは私も話に乗った。「私の髪のどこが悪いって？」。3 歳児にしてはひどく真面目な声で，「本物の髪にしては柔らかすぎるよ」と答えた。私は笑わざるを得なかった。そう，ジョーイはアフリカ系アメリカ人で，私はそうではなかったのだ。

　ジョーイのように，私たちは皆，自分自身の視点から，そして無意識的仮説というプリズムを通して，世界を見ているのである。他にやりようがある

だろうか。私たちの脳が情報を処理する仕方のせいで，私たちは自然に自己中心主義になってしまう。しかし，自分たちの視点が先入観を持っているとは，誰も感じていない。私たちの物事の見方は，単純に正しく思える。この信念に伴う問題は，私たちの現実を見る視覚と意識的コントロールの感覚が，実はまったくの錯覚にすぎないということである。

　私たちは記憶と感情の多角的な無意識過程によって導かれ，指図されている。それは，性格の欠陥ではなく，受け入れるしかない生物学的に「与えられたもの」なのである。私たちの気質と個人的な歴史は，自覚できないところで，私たちの行動を指図する思考と感情のパターンを作り上げる。私たちは皆，完全な自己中心主義の状態で人生を始めるのだが，経験と教育を通して，より広い視野を持つことを学ぶことができる。個人的，文化的，そして人間的な先入観について学ぶことは，すべての心理療法家の訓練の第一の焦点であるべきだ。

　理論的なオリエンテーションにもかかわらず，真の心理療法的介入はすべてが対人関係的であり，ひとりの人からひとりの他者へと届けられるものである。一般的な心理療法家とか，平均的なクライエントなどというものは存在せず，ただ，性格や好みや先入観を持った，2人より多くの人の関係性が存在するだけである。私たちの領域への自然科学（hard　science）の影響が強くなってきているにもかかわらず，心理療法は依然として人間的で不完全なアート（芸，技術）なのである。

　会計士やエンジニアとは違って，心理療法家には，個人的な経験や深い感情から切り離されて仕事をするという選択肢はない。事実，心理療法家の私的で個人的な世界は，最も重要なツールの一つである。私たちが自分自身を知らないということは，私たちを傷つけたりはしないが，心理療法関係については負の影響を及ぼすだろう。私たちが自分の個人的な過去を見て理解したときにだけ，それぞれのクライエントに対して固有の癒しの可能性を最大にすることができる。

　自分を知ることに焦点づけることは，心理療法過程に最も重要であるにも

かかわらず，ブリーフセラピーや精神薬理学が注目を集めるにつれて，訓練から姿を消してしまった。私がスーパービジョンしていた精神科の研修医が，博士課程を修了するまでに何時間心理療法をやればいいですか，と私に尋ねた。ざっと計算してみて，およそ 6,000 回くらいだろうと考えた。彼は，自分が研修医を修了するまでに 50 回行えばよいと計算していた。彼は，「50時間の訓練をすれば，心理療法ができるようになりますか?」と尋ねた。私は「分からない」と答えた。6,000 時間スーパービジョンを受けても，私はまだ初心者のように感じていたのだから。

　心理療法家を適切に訓練するのは難しく，かつ費用もかかる。一連の講義だけを提供して，個人的でより難しい心理療法の訓練は他人に任せてしまったほうが，はるかに簡単ではある。心理療法家の個人的な成長は，かつては大学教育に組み込まれていた焦点の一つだったが，今や，訓練中の心理療法家と，いつか治療のためにその心理療法家のもとに通いたいと思っているクライエントの両方への有害物とされて，過小評価され，無視されている。

　心理療法家としての私たちの最大の課題は，私たちの個人的な葛藤と，人間であることに共通する限界からくる。この本を通して私はこれらの葛藤と限界について述べているが，私たちは広い意味での逆転移として，それらを自分たちの仕事に持ち込む。逆転移は，心理療法家の無意識によって生じる治療関係の歪みである。心理療法家の逆転移は普通，恥，愛着，見捨てられ不安を伴う人間に共通の苦闘に，その痕跡をたどることができる。こうした原初的な経験の力は，私たち自身の感情的な苦闘とクライエントのそれを，無意識のうちに混同する原因になる。クライエントからの無意識的影響が，私たちの経験に及ぶのを制御しようとする試みは，皆が直面する厄介な課題である。

　あなたはサーカスで，ライオンとその調教師を見たことがあるだろうか。調教師たちはどのようにして，毎晩ライオンの檻の中に足を踏み入れるのだろか。彼らは，ライオンと仕事上の関係性を展開させるための一連の原則，技術，技能を持っているため，うまく檻に入ることができるのである。たと

えば，ライオンの調教師は，縄張りでの優位性を確立するために，ライオンより先に檻の中に入る。檻は円形になっていて，ライオンが逃げたり隠れたりできる場所はない。そのことはライオンに，自分の食べ物は調教師のおかげで手に入ることを常にはっきりさせる。ライオンの調教師は普通，群れの中でより劣位にあるライオンを調教する。そのライオンは，群れの中でより優位なライオンに対抗して，調教師と同盟を築くように動機づけられる傾向が強いからである。これらの原則は，ライオンの脳と彼らの社会的秩序のルールに基づいており，調教師にもっと力が強い動物との仕事関係を発展させる力になる。

　無意識の心は，野生のライオンのようなものである。私たちは決して無意識を圧倒することはできない。ただ，無意識について学び，その協力を得るのを望むことができるだけである。無意識を手なずけるには，無意識を十分によく知ることが必要であり，そうすれば，無意識と健全な仕事上の関係を発展させることができる。時折それは制御不能となり，さらに多くの作業とトレーニングを必要とすることになるだろう。そして，時にはライオンの調教師も襲われることを忘れないように！　無意識をより管理しやすく，協力的（あなた自身とクライエントにとって，より助けになり，危険度性も低くなる）にするための方略，技術，予防策がある。私は，本書全体を通して，こうした手なずける技術と方略について考察していこうと思う。

本書の目的

　本書の基本的な目的は，初心の心理療法家に対して，すべての心理療法家が直面するよくある状況に対処するための方略やアドバイスを提供すると同時に，彼らが必ず感じること——確信のなさ，困惑，恐れ——を，感じてよいと承認することである。これらの感情を受け入れること（そして，それを私たちの強みになるように活かしていくこと）は，心理療法の訓練において，効果的でありながらよく見落とされる側面である。

　以降の章では，心理療法の客観的な側面と，心理療法家になる（または，

心理療法家である）ことの個人的な経験との間をシャトル（往復）することによって，心理療法家になる経験を探索していきたい。私は心理療法をするときの実際の経験のモデルとして，内と外の世界をシャトル（往復）するという方式を採用した。このシャトル（往復）をするには，心と身体，思考と感情，自分自身とクライエントの間を移動できるように，柔軟であり続けることが必要である。心理療法の主観的な経験とは，結局は，2人以上の人の間の意識的エネルギーの盛衰の結果なのである。

　また，本書の焦点は，思考よりも感情に，話された内容よりも人の相互作用に重きを置いており，そして最も重要なことに，心理療法家であるあなたに基礎を置いている。私の望みは，あなたが新たな専門性について学びながら自身の個人的成長に役立つように，あなたの訓練を活かすことである。あなたの助けとなるように，信頼できる教師と十分に訓練を積んだ心理療法家を探すことを，お勧めする。

　恥ずかしいことに，私は最初のセッションから，偉大な心理療法家になるつもりでいた。私には，間違いをして徐々に改善していくための時間や理解を自分自身に与えることが，極端に難しかった。それゆえ，初めから有能でなければならないと感じていたのだ。その後，有能な心理療法家になるには，多くの年月がかかることを学んだ。つまり，偉大な心理療法家になるには一生かかるのである。だから，心理療法のやり方について何も知らずに始めても良いと私は思う。リラックスして，呼吸することを思い出し，学ぶことに時間をかけると良い。もし他に何もなければ，何とかこの本を読み通す（make it through）^{訳注†2} こと！

　さあ，今から，内界の旅に乗り出そう！

---

†2　筆者は，「はじめに」の冒頭にある「何とか切り抜ける」と同じ語句（make it through）を，ここで再び用いている。

目　次

第Ⅰ部　面接初期を切り抜ける

第Ⅱ部　クライエントを理解する

第 I 部

面接初期を切り抜ける

第1章　私はどんなことに足を踏み入れたのか

戦士だけが知識の道を何とか進むことができる。

— ドン・ファン

　こうして心理療法家としての訓練が始まると，「まるで詐欺師だ」と思うのが関の山である。より柔らかく言い換えれば，「自分自身があまりに多くの問題を抱えて混乱しているのに，どうすればよいですか?」と尋ねたくなるかもしれない。長年の間，幾度となく学生たちに呼び止められるたびに，私は次のように話してきた。「ええ，私はクライエントを手助けしようとしていますが，その一方で，頭がおかしくなりそうだとも感じています。自分自身の問題で悩んでいるときに，どうやって人を手助けできるでしょうか。以前は，自分はまともだと思っていましたが，もう自分でもよく分かりません。父の言うことを聞いて弁護士になるべきでした。少なくとも，彼らはまともである必要はありませんからね」。こんな言葉に聞き覚えはないだろうか。私は多くの学生からこのようなことを聞いた（そして，私自身も経験した）ので，これらは心理療法家になる途上で，一般的に感じる困難なのかもしれないと思うようになった。私たちは皆，自分の痛みと確信のなさに気づき，それらを通して成長する必要があるのだ。優れた心理療法家を作るのは，恐れ，限界，戸惑いに立ち向かう，その人の勇気である。

　では，なぜ心理療法家は，自分の能力と健全さを疑ってしまうほど傷つきやすいのだろうか。私たちはもともと自己分析をする傾向があるが，心理療法家が自分自身に気づいてこなかったことが，自らが検討している事例に反映したのだろうか。私たちは，他者には洗練された社会的な体裁があることを認めながら，自分自身には恐れ，非安全感，そして「狂気」の感覚を持っている。さらに，実際に私たち心理療法家には，感情的葛藤のせいで，成長

の過程で必要な助けやアドバイスを得られないような家庭で育ってきた傾向がある。ほとんどの心理療法家が，他者から愛され認められることに苦労しながら，成長したというわけである。こうした発達初期の経験のせいで，心理療法家の多くは，他者が自分の助けとなりうると信じるのが難しいと感じている。私たちはこの苦闘を，大人になった今の生活と，必然的にクライエントとの関係性の中にも，持ち込むのである。

　私が訓練中に犯した過ちの一つは，私がどれほど良い心理療法家であるかを，スーパーバイザーに印象づけようとしたことである。私は自身の成功を伝え，失敗を軽視し，困惑を隠したかった。この防衛は幼少期に用いたものと似ており，詐欺師であるという感覚を強めたにすぎなかった。私はショーを演じて認めてもらおうとし，その間ずっと，私の信頼と訓練を台無しにしていたのである。自分の訓練と個人的成長の行き詰まりを打開できたのは，弱くて確信がないことを明らかにし，自分の過ちを率直に共有する勇気に気づいたときであった。

　どんな点で，私たちは他者を援助できるほど十分に健康だと言えるのだろうか。人が困惑するのは普通のことであり，誰しもが課題や問題を抱えているものだ。心理療法家も，決してうまく成長を「成し遂げる」わけではない。彼らはできる限り自分自身と他者について多くを学ぼうと専念する，ただの人である。最善の心理療法家は，まったくの人間でありながら，人生の苦闘に取り組む。私たち自身の失敗は，私たちが他者の人生の苦闘に心開かれたままでいることを助けてくれる。また，私たち個人の成功は，楽観主義を信じさせてくれ，他者の人生の苦闘に取り組む勇気を与えてくれる。誰かを助ける前に，私たちは自分の生活を健康にする必要はあるだろうか。仮にそうであるなら，助けられるクライエントはほとんどいないことになってしまう。人生は面倒で，それぞれの新たな段階において，また新たな課題が生じる。仏教では，自己とは際限なく皮がむける玉ねぎであり，どんな発見をしても，次に探索し解明すべき新たな層が姿を現す，と言う。私も確かにそういう経験をしてきた。私自身の無知を新たに発見することに，繰り返し気づ

かされたのである。良い心理療法家は，完璧ではなく，自己発見と生涯にわたる学びに専念し続ける，ただの人である。私たちは，自分の限界とともに，かつ限界を通して生き続け，成長し続ける。成長し続け，玉ねぎの皮をむき続ける鍵は，フィードバックに対する透明性と開示性である。言い換えれば，内界で進行していることと理解しようと格闘していることを，あなたの教育分析家，スーパーバイザー，それに信頼できる相談者と共有することである。これはひとりではできない。

「分かりません」

　誰が最終的にあなたの導き手になるかは，あなたには決して分からない。何年か前，フリーマーケットを散策していたら，エメットという名の老紳士と出会った。彼は私の注意を引いた。なぜなら，彼の白髪は乱れており，胸には「分かりません」と書かれた大きなバッジを付けていたからだ。面白い個性に惹きつけられ，私は彼のバッジについて尋ねた。こうした出会いではよくあることだが，その後には長く詳細な話が続いた。

　どうやら，探索心旺盛な彼の幼い孫が，最近になって 20 秒ごとに新しい質問をするようになったらしい。エメットは年齢でも知性でも孫に勝っていたにもかかわらず，孫の質問のうちのほんのわずかにしか答えられないという現実に，直面させられたのだった。彼には，空がどこから来たのか，なぜ人はお互いに意地悪なのか，なぜ神様はおばあちゃんを天国に連れて行って彼ひとりを置き去りにしたのか，といったことが本当に分からなかったのだ。これらの質問は，エメットがずっと昔に，人には聞かないものだと学んだものだった。エメットは自分の無知に対して正直だったので，孫にも分からないと繰り返し言った。

　すると，孫のフラストレーションは高まり，ついにこう叫んだ。「分からない，分からないばっかり！　おじいちゃん，何なら分かるの？」。長年，技術者や経営者をしてきた経歴を持つエメットだが，毎日何百という質問に答える羽目になって，4 歳児に困惑させられていた。だが，エメットは素晴ら

しい人だった。彼は分からないことを恥とは思わなかったので，ごまかそうとしなかった。むしろ，安易に答えるのではなく，責任をもって孫が自ら答えを見つけるのを助けたのである。エメットのこの態度のおかげで，孫は発想と感性を探索し，可能であれば自分で物事を調べ，複雑で感情的に難しい質問について率直に話し合うようになった。エメットは，話し合うなかで孫と同じくらい多くを学んだと感じているし，無知が新しい学びへの扉であることを忘れないために，このバッジを付けているのだ，と話してくれた。

　無知の自覚は世界中の至るところで，時を超えて，知恵に関する哲学（wisdom philosophy）の絶えざるテーマとなっている。デルフォイの神託がソクラテスに，彼が人類の中で最も賢明であると告げたとき，ソクラテスは当然神託が間違っていると思い，彼自身の無知を確信した。自分たちの知識で納得している人々を見るにつれ，後になって彼に理解され始めたことは，信託は彼の無知の自覚こそを知恵と認めていたということだった。これと同じ洞察が，過去を精神と物質的世界の幻想と見なすことに重点を置く，多くの仏教宗派の中核的な教えとなっている。もし，あなたが自分の無知を認識して受け入れることができたなら，あなたはより良い心理療法家になるだけでなく，ブッダ，ソクラテス，そして私の新しい友人エメットの良い仲間にもなるだろう。

分からないことを自分自身に許す

　分からないことがあることを，自分に許すべきである。そして，エメットのように，あなたの限界を含めて，ごまかしのない探索ができるような関係性をクライエントと育むべきである。あなた自身に支持的になり，あなたの向上欲求を合理的なものにし，あなたの強みとあなたが達成できることを強化するべきである。そのためには，録画で見る指導者や熟練した臨床家と比較するのではなく，内面にある物差しであなたの進歩を評価すると良い。たとえば，あなたが今いるところと，半年前にいたところを比較するのである。心理療法においては改善の余地は無限にあり，同様に自己批判の余地も無限

にある。あなたの無知は底なしの穴ではなく，知識と経験で満たされるべき
器なのである。

　ジェフは初心の心理療法家で，私たちが「怒れる男」と呼ぶようになった
短気なクライエントと心理療法をしていた。セッションのたびに怒れる男は，
複雑な問題に対して手っ取り早い解決策を教えてほしいとジェフに要求し
た。彼は，「どうしたら彼女が見つかるのか？」とか，「どのような職業に進
むべきか？」といった質問のリストを持ってきたが，答えが得られないまま
面接が終わり，がっかりするしかなかった。すると，彼は立ち上がりジェフ
の目を見て，「なんてでたらめな心理療法家なんだ」と言い，首を横に振り
ながら心の底から非難し，オフィスを出て行くのであった。

　これはジェフに大きな衝撃を与え，彼は自分の心理療法の能力について嫌
気が差しはじめていた。彼が怒れる男に実用的なアドバイスをしようとする
と，いつも「白紙に戻してやり直す」べきだ，と退けられた。ジェフはイラ
イラして，怒れる男への怒りがますます大きくなっていった。ジェフには正
しいことが何もできないように思えた。そこで私は彼にこう言った。「クラ
イエントが何をすべきか分かることは，あなたのすることではありません。
あなたがすべきなのは，彼が彼自身を発見できるような関係性を提供するこ
とです」。私は，クライエントに答えを考え出すかわりに，彼がジェフにど
んな感じを抱かせるのかを共有してみるように提案した。

　ジェフは，私の提案は少し変だが試しにやってみてもかまわない，という
顔をした。次の面接でジェフは，何回やってみてもクライエントの役に立つ
ことが本当に難しく，ただ何度も却下されてしまうことに伴う彼自身の悲し
み，イライラ，怒りの感じを共有した。怒れる男は腕を組んで熱心に聞いて
いたが，どんどん険しい表情になった。ついに，「では，私がどう感じてい
るか，あなたには分かるんですね」と，感情をあらわにした。怒れる男は，
彼と両親との関係性，両親の絶え間なく続く不満，そしてダメな息子である
ことへの今も続いている恥の感覚について，ジェフに話し続けた。彼は初め
て自身の家族や過去についてジェフと話し合い，これが心理療法の実り豊か

な段階の始まりとなった。

　このような相互作用が生じるには，ジェフには専門家の立ち位置から離れる必要があった。それだけでなく，彼は，考え，感じ，そして彼の経験をクライエントと共有することを厭わない人にならなければならなかった。ジェフは自分自身にもクライエントにも，クライエントの質問への答えが分からないことを，許容しなければならなかったのである。ジェフが提供しなければならなかったことは，クライエントの内的世界を探索する過程を通じて，つながったままでいようとすることだった。怒れる男は，ジェフとの関係性を通して，彼の幼少期を実演していたのである。

　多くの心理療法家は，治療面接に足を踏み入れ，クライエントを苦しみから救い，心理療法界に旋風を巻き起こす，という幻想を抱いている。ジェフは怒れる男から，これはまったくもって非現実的な幻想だと，けたたましい警鐘を鳴らされたのだ。ジェフが分からないというスタンスを受け入れるまで，心理療法は行き詰まったままだった。

　以下は，分からないというスタンスを保っていることを確認するために，チェックしておくとよい項目である。

- ●正しいことをしていると確信しているか。
- ●たとえクライエントがそれを拒否し続けたとしても，一つの解釈を何度も蒸し返し続けているか。
- ●あなたの心理療法のやり方の中にある真実に，情熱を感じているか。
- ●スーパーバイザーの考えがあなたの考えと異なった場合，スーパーバイザーの意見を退けている自分に気づくことがあるか。
- ●クライエントの質問に対して適切に答えられなければ，失敗したように感じるか。

　上記の質問のうちのいくつかに「はい」と答えたなら，心理療法家になることについてのあなたの感じ，動機，思い込みを，再検討するときである。

これらの課題を探索することで，あなたをより深い自己理解へと導くことができるので，怖じ気づくことはない。愚かに見えることへの非安全感と恐れが私にはあったために，学ぶことが必要以上にずっと難しくなった。私は分からないと言えなかったばっかりに，学ぶ機会をたくさん逃してしまったのである。

☐ 必死に心理療法体系を探し求める

　もし，あなたが私のような人なら，あなたが最初に熱望するのは，カリスマ的なリーダーか特定の心理療法体系の後継者になることだろう。フロイト[訳注†1]，エリス[訳注†2]，ボーエン[訳注†3]，ベック[訳注†4]といった心理学の「スーパースター」たちは，それぞれ独自の理論を持ち，初心の心理療法家にその道を奴隷のように進むよう誘惑する。私は初期の混乱の真っただ中にいて，何かしがみつけるような真実を喉から手が出るほど求めていたので，信じるに値する心理療法体系を必死に探して，ある教祖的存在から別の教祖的存在へと飛び回っていた。

　心理療法体系は，私たちに確信と力強さをより強く感じさせてくれるのだが，私たちの学ぶものと見えるものを制限する可能性もある。それぞれの治療法が良い成果を上げる力を持つことと，人の生き生きとした面を無視しているように思えることの両方に，私は訓練の間中ずっと強く印象づけられていた。一つ例を挙げよう。

　訓練を始めて2年経った頃，面接中に地震が起きた。巨大ではないが，部屋全体が5秒か10秒揺れるくらい強かった。ちょうど分析訓練の面接中で，

---

†1　ジークムント・フロイト（1856-1939）は，オーストリア生まれの精神科医。精神分析の創始者。

†2　アルバート・エリス（1913-2007）は，アメリカ生まれの臨床心理学者。論理療法（論理情動行動療法とも言われる）の創始者。

†3　マレー・ボーエン（1913-1990）は，アメリカ生まれの精神科医。多世代家族療法を提唱し，家族療法の基礎を築き上げたひとり。

†4　アーロン・ベック（1921-）は，アメリカ生まれの精神科医。認知療法の創始者。

　私は静かに座り，部屋の揺れが激しくなるにつれて，クライエントの目が見開かれるのをじっと見ていた。私の冷静さは，ただ彼を混乱させただけのようだった。ついに彼は，「地震だと思うんですけど！」と言った。私は微動だにせず，「そうですね。それについてどう感じますか？」と優しく応えた。この奇妙なやり取りを考えると，いつも自分に笑えてくる。私の頭がおかしいとクライエントに思わせる以外に，いったい何が起きえただろうか。あるいは，さらに悪く考えると，驚くべき状況に正常に反応したのだから，彼のほうが変だったのだろうか。私がある一つの心理療法体系に固執したことで，自分がしていたことが分かったような気がした。つまり，私はクライエントとの本当の意味でのつながりを，犠牲にしていたのである。

　人間の行動，感情，関係性の複雑さを考えると，困惑や確信のなさは避けられない。確信のなさは私たちをとても不安にさせるので，手っ取り早く明確で決定的な解決策を探す。とりわけ大学院生は，教師からのバイアスと教師が描く確実性という呪文に，簡単に囚われてしまう可能性がある。確信のなさに対して他の人たちが心を閉ざそうとするのとは逆に，心を開き続けるようにしてみてほしい。オリエンテーションと関係なく，あなたが見つけた最善の人と仕事をするべきだし，それに最も大切なことは，さまざまな視点で訓練を積むことである。さまざまな視点から得た知識は，誤った確実性に対する最善の防御である。

　私たちの確信のなさに対する不快感は，特に専門家としてまだ経験が浅く，当てにできるほどの豊富な経験がないときには，診断，解釈，治療方針への疑問に早々と蓋をしてしまうように圧力をかけてくる。研究によると，クライエントを診断するために 1 時間与えられても，精神衛生の実践家たちは初めの 2 〜 3 分で診断を決めてしまい，それからは，最初の仮説を裏付けるようなデータを選択的に収集する傾向があるという。拙速な診断にしがみつくことは，心理療法の教祖的存在の熱狂的な信者になることと同じである。自分に自信がないほど傷つきやすくなって，経験したことを新たな治療手段へと「転換」したくなるという現実を直視しよう。そして，次の質問をあな

た自身にしてほしい。ある理論や技法に没頭することは，自分自身の個人的な苦闘を反映しているのか，それとも，自分の目の前に座っている人に実際に役立つように合理的に選択された理論的オリエンテーションなのか，と。

　行為の方向性を選択し，それを追求するには，勇気がいるだろう。また，間違いを認めて別のアプローチをとることにも，やはり勇気がいる。ネズミと人間の違いについてのたとえ話を考えてみよう。もし，ネズミがチーズがあると期待する場所からあなたがチーズを移動させたら，ネズミはいずれどこか別の場所に目を向けるだろう。ところが，人間は同じ場所で延々とチーズを探すだろう。なぜか？　それは，私たち人間は，ここにあるはずだと「確信している」からである！　私たちの信念は行動を導いてくれるが，その信念はしばしば間違っている。単純な答えは感情的には満足を与えるが，特に人間ほど複雑な生き物を扱ううえでは，解決力がかなり限定されていることがしばしばある。

救世主の夢

　クライエントがあなたのオフィスに初めて足を踏み入れた時点では，あなたがクライエントの助けになれるかどうかは決して分からない。クライエントのなかには，まさにあなたとの相性が悪いとしか言いようのない人もいるだろうし，そういう人は，運が良ければ，彼らの助けになれる別の心理療法家のところに行くだろう。多くのクライエントは，長い年月をかけて多くの心理療法家と出会い，それぞれの心理療法家がクライエントの成長と治癒においてある役割を果たす。私は，私以外の心理療法家との心理療法がとてもうまくいったクライエントを見たことがあるし，逆に，私以外の心理療法家の誰ともうまくいかなかったが，私が手助けしたことで感謝してくれたクライエントもいる。心理療法が失敗であるように感じても，それが後々，心理療法がとてもうまくいくような関係性の基盤となるかもしれない。このことはいったんは私を苛立たせたが，今では，あるクライエントがいつか将来どこか他の場所で心理療法が成功するための準備を私がしていて，その間に，

他の心理療法家が私の未来のクライエントとの基礎作りをしてくれている，と考えている。

　訓練を始めてから間もなく，私は恥ずかしいが啓発的な夢を見た。その夢の中で，私はクライエントの真向かいに座っていた。そのクライエントは，4～5人の私のクライエントの合成であった。彼らの顔の特徴，身振り，問題が結合して，1人のクライエントになっていたのだが，それらがある種の夢の感覚を醸し出していた。私は座っていたが，実際には聴いているわけでなく，むしろ次に何と言うべきかと考えていた。話そうとすると，あたかも何か深遠なことを言おうとしているかのように，感情がこみ上げてくるのを感じた。すると，天使たちが合唱し始め，太陽の光が天井を突き抜けて差し込んできた。私は神がドアから歩いて入って来るのを半分期待したが，気がつくと，私が神の役を演じていた。私はベッドに座り，驚き，かすかに笑って，突然非常に意識がはっきりした。心理療法家としての私の役割についての私の幻想は，救済と結びついていたのだ。私は何か奇跡的なことを言ったりやったりすることによって，クライエントを救うことが自分の仕事だ，と思っていたことに気づいた。教育分析の中で，この夢の起源と暗黙の意味を探索するのに何カ月もかかったが，直接的なメッセージは痛々しいほど明らかであった。私は失敗に備えていたのだ。どうして死すべき人間にすぎない私が，聖書に書かれた偉業に沿った生き方ができるだろうか。おまけに，私の無意識は，ハリウッドの華やかなショーを自分の中に取り込んでいたというのに。

　私たち心理療法家は皆，自分自身を見つける，正気を保つ，あるいは家族の誰かを救うという，無意識的使命を果たすために訓練に通う。実際には，私たちの多くは，良い聞き手とは何か，どのようにして家族葛藤をうまく処理するか，どのようにして周囲の人たちの感情を調整するか，ということを教えられて成長していく。何であれ，こうした使命が同定され，理解され，クライエントを経験する仕方に活かされたときに，私たちはより良い心理療法家になることができる。もし，主として無意識的幻想によって心理療法を

するなら，多くのケースで失敗することになる。奇跡が起きないとき^{訳注†5}や，尊大な幻想が崩れるときには，私たちは傷つきやすくなって抑うつ的になり，絶望し，自分の仕事がつまらなくなるリスクが高まるものである。

　クライエントを受け入れるためには，まず自分自身を受け入れることを学ぶ必要がある。これは，すべての課題の中で最大の課題になることがある。

---

†5　原文は，"When the waters don't part," で，直訳すると「海が割れないとき」である。旧約聖書の『出エジプト記』第14章にある，モーセがイスラエル人を率いてエジプトから脱出する際に，神が紅海を二つに割り，モーセたちはその間にできた道を通って逃れることができたという有名な逸話を指していると解釈し，本文のように訳した。

第2章　集中し^{訳注†1}，聴くことを学ぶ

その気になれば，誰でも興奮状態に入ることはできる。

意図的に獲得しにくいのは，穏やかさだ。

—バーバラ・キングソルヴァー

　心理療法家の仕事の中心になるのは，集中し，焦点を保って，聴く能力である。そのためには，知的および感情的な能力をすべて利用できるようにしておく必要がある。集中を保ち，徐々に心理療法の方向を決めていくためには，考えることと感じることの両方が極めて重要である。

　クライエントとの関係性は，予約のための最初の電話を受けた瞬間から始まる。あなたの率直さ，好奇心，そして配慮は，電話での注意の向け方や声のトーンを通して相手に伝わる。第一印象を作るチャンスに二度目はないことを忘れないように！　進化によって私たちの脳は，可能な限り速く相手がどういう人かを判断するようになった。そのため，第一印象は重要であり，他者を体験する仕方に影響を与え続ける。

　クライエントへの最初の（その後すべての）折り返しの電話は，心理療法のときと同じ気持ちで掛けるようにすると良い。テレビを見ながら電話したり，夫婦喧嘩や渋滞の最中に電話を掛けたりしないように。できるだけいつも，クライエントには固定電話から掛けること。そうすれば，あなたに対するクライエントの経験が，雑音だらけで途切れがちなつながりに汚染されずにすむ。クライエントとのやり取りはすべて，彼らの心理療法の経験の一部になるということを覚えておくこと。支払いについての質問，予約の変更，安心を求めて電話を掛けることはすべて，関係性の側面であり，治療的な価値を持つ。

---

†1　「集中し」の言語 getting centered には，「冷静になる」という意味もある。

　クライエントとの関係性が，白紙の状態で始まっていると思い込んではいけない。クライエントとの作業は最初の電話から始まるが，クライエントとの関係性は，最初の接触よりもかなり前から始まっている。それは，過去の援助者，医師，他の心理療法家との経験から起因する。こうした過去の経験は，ひとたび面接室に入ったときに何が起きるかという期待や恐れと混ざり合う。新しいクライエントには，それぞれに，ポジティブな予想とネガティブな予想の歴史がある。そして，それらは治療関係の経過の中に現れるだろう。まず，クライエントの心理療法に対する考えや期待について，オープンに興味を持って始めること。その際には，以下のような質問を考えておくとよい。

- ●心理療法は，あなたにとってどのようなものでしたか。
- ●心理療法と心理療法家について，どう思っていますか。
- ●心理療法によって助けられた，または傷ついた人を知っていますか。
- ●私たちで時間を共にして，何を得たいですか。

　クライエントが過去の心理療法家を非難したり，あなたの技術や能力に疑問を示したときに，防衛的にならないように努力するのが望ましい。そうした記憶，感情，不安のすべてが，治療関係の一部であり，新しいクライエントに関する重要な情報を潜在的に含んでいる。もしあなた自身が防衛的になっていることに気づいたら，深呼吸をして，自分の感じを内省すること。クライエントはあなたのどこを刺激しているのか。クライエントは本当にあなたを攻撃しているのか，それともあなた自身の非安全感や傷つきやすさが，そのように感じさせているのか。これらは，あなたのスーパーバイザーや教育分析家と探索するのに格好の問題である。クライエントは，本来なら私たちが受けないであろう批判や攻撃に耐えられるだけの強さや冷静さを，私たちに求める。これらの攻撃はしばしば記憶の現れであり，クライエントはそれを自覚し，理解するための助けを必要としている。

☐ 集中するための時間をとる

　クライエントは，心理療法の背後にある感情的で対人関係的なことに，とても敏感である。私は，平日は主に自分のオフィスで面接をしているが，そこでは静けさを大事にしている。心理療法の姿勢としては，冷静を保つことと注意を怠らないことを合わせ持つべきである。私が知っている多くの心理療法家は，極端に関わり，心乱され，目の前のクライエントに十分に焦点を当ててはいない。クライエントたちは，過去の心理療法家について私にこう言う。心理療法家たちは絶えず没頭し，動揺し，イライラしやすいように見え，さらに信じられないような話であるが，面接中に電話を取ることさえしたと！　それは，彼らが愚かだったり，面接を気軽に考えていたからではなく，単に日々のやりくりに追われていたからである。面接室を混沌とした日常生活からの安全な避難所にすることは，あなたとクライエントの両方の役に立つだろう。

　熱狂的な心理療法家は，良い心理療法家ではない。次の五つの基本的な方略が，集中を保つのに役立つだろう。

- 余裕を持ってオフィスに着けば，不安になったり緊張したりしない。
- 各面接の前の 5 分間は，リラックスし，集中するための時間と考えること。
- 日中に休憩時間をとり，休んだり，読書をしたり，社会との接触に使うこと。
- 予約を入れすぎないようにし，精神的・身体的な消耗を避けること。
- 精神的・身体的な状態をモニターし，必要に応じてスケジュールを調整すること。

　面接室には特に注意を払うべきである。あなた自身が快適に感じる環境，さらには，心穏やかになることと，今の自分に集中して物事をあるがままに

見ること（mindful）を，思い出させるもので囲まれた環境を作るのが良い。快適な家具，枕，柔らかい照明は，内省したり熟考したりする雰囲気をもたらす。私は，子どもたちが海辺で静かに遊んでいる絵や，古書，アンティークの家具を置いて，一貫性や堅実さ，そしてクライエントへの配慮を表現している。私は，面接の間にリラックスできるように，オフィスの中でろうそくを灯し，小さくステレオをつけている。ストレッチをしたり，新聞を読んだり，友人に電話したりして，リラックスする時間をとることもある。私のオフィスは，旅行や哲学や科学の本で一杯である。私自身を癒すために，菓子や飲み物やキャンディーが入っている特別な引出しまである。仕事環境に注意を払うことと，行動に集中することは，あなた自身の心の安らぎを保つための投資と考えれば，その配当金をクライエントに支払うことにもなる。

聴くことの力

　私たちの社会は，ほとんど完全に行動重視である。私たちは自分の価値を，何をしたか，何をしているか，何を成し遂げようとしているかに基づいて決めている。私たちは，スケジュール帳，電子手帳，ポケットベル，携帯電話を持ち歩き，私たちの頭の中は，人の声や音楽や往来の音で一杯になっている。私たちが生活と呼ぶ活動の嵐の中で，聴くことは受動的な「活動的でないこと」に格下げされてきた。皮肉なことに，こうしたことすべてが起きているなかでも，私たちは皆，気遣いや思いやりのある他者に話を聴いてもらうことを待ち望んでいる。

　会話を立ち聞きすると，人が相手にほとんど注意を払っていないことに，しばしば印象づけられる。会話と呼ばれるものは，交互に交わされる独り言である。お互いが相手を，自分の思考や連想のきっかけに使っているのである。時には，聴くという技術が，ほとんど絶滅の危機に瀕しているように思える。私は，現代の都市社会の中で心理療法が成功する理由の一つは，毎週ほんの少しでも話を聴いてもらいたいという，人間の基本的な欲求を満たしているからではないか，と思っている。

　注意深く聴くことは，心理療法の中心的な技術であり，私たちが他者に与えることができる価値ある贈り物でもある。あなたの存在や心遣いは，強力な治療手段となる。沈黙を埋めて早急な解決策を提案しようとする，あなた自身の内的な圧力を意識しておくべきだ。忍耐する努力が必要である。私が耐えて待っていると，数分前に私が伝えたかったこととまったく同じ結論に，クライエントがしばしばたどり着くことに私は気づいた。私はそれが，クライエントが自分自身についての洞察を得て，満足し，自分の発見に誇りを持つという点で，とても良いことだと思う。

　聴くことが最も役に立つのは，温かくて理解と尊重に富むような，良い対人関係の文脈においてである。こうした文脈は，考えを言葉にでき，内界をより良く理解できるようになる土台を提供してくれる。私たちはしばしば，自分が考えていることを理解するために，自分が話していることを聴かなければならない。あなたの仕事は，聴いている相手，つまりクライエントが，彼ら自身に耳を傾けられるようにすることである。

　あなたには，基本的な聴く技術があるだろうか。あなた自身に，次のように問うとよい。

- あなたは，自分の気を散らすものを無視できるか。
- あなたは，クライエントの話を妨害しないようにしているか。
- あなたは，ボディ・ランゲージと表情を通して，相手への関心を伝えているか。
- あなたは，行間を読み，言葉の裏にある感情を聴いているか。

　面接の最中や，あなたの心理療法の録音を聴くときには，上記の聴く技術に注意を払うとよい。

　未熟な心理療法家でさえ，クライエントより明確に優位な点がある。それは，あなたがクライエントとは別人だ，ということだ。これは良い意味で言っているのである。単純に，異なった視点で世界を見ることによって，彼らの

言葉，行動，感情について，あなたは別の視点を提供する。その優位な点，自分史，防衛などの長所によって，クライエントの世界に潜在的だが新しくて役に立ちそうな洞察の可能性をもたらすのだ。話をよく聴く心理療法家の存在は，貴重なサービスを提供する。事実，それは心理療法に絶対不可欠な基礎なのである。

□ アイコンタクト

　アイコンタクトは，効果的なコミュニケーションの形である。私たちのような霊長類にとって，目を見つめることは，愛着を形成し，警告を伝え，他者の心を読み取るための中核をなす。私たちには，他者のほうを向き，彼らの目を見つめる反射が，生まれながらに備わっている。これは，心が触れ合う過程を「活性化」させて，脳の発達の引き金になり，一生を通して私たちとともにある。視線とその周りにある表情を用いて，私たちは深い愛情から激しい嫌悪まで，すべてのものを伝え合う。ジロジロ見ることで恥ずかしい気持ちにさせ，目を開いて見つめることで性的興奮を引き起こし，眉をひそめることで懐疑的な態度を示すことができる。生存のためにはアイコンタクトや表情が非常に重要なので，無限に近いそれらの組み合わせを解釈することに特化した，広範囲に及ぶ神経ネットワークが進化してきた。

　過去に学習したことと文化的背景に基づいて，アイコンタクトは多くのことを意味するようになりうる。同じ表情でも，クライエントによって，まったく異なる感じがするだろう。ある人はじっと見つめられることによって快適に感じるかもしれないが，別の人は攻撃と感じて，見つめてほしくないと思うかもしれない。これらの反応は，無意識のうちに，転移の他の側面と混ぜ合わされている。アイコンタクトへの反応を，暗黙の記憶[訳注†2] の形として考えるべきである。この暗黙の記憶は，愛情や嫌悪や恥をめぐる過去の経験について，潜在的に重要な何かを反映している。それもまた，クライエントの不安の程度，つながりを作る能力，そして自己同一性について，洞察をもたらす可能性がある。

　他の心理療法の手法と同様に，あなたがアイコンタクトをうまく使う能力は，自己理解と個人的洞察によって決まる。まずは，アイコンタクトがあなたの中に何を喚起するかを，理解する必要がある。あなたの反応は，あなた自身の歴史や文化やパーソナリティの文脈で理解されるかもしれない。以下の質問のうちのいくつかを，自分自身にしてみてほしい。

- 私は人に見られていて，どれくらいくつろげるか。
- それは，どんな感じやイメージを喚起するか。
- 私は，私を見ながら考えている人に対して，何を想像するか。
- 私はそれぞれのクライエントを，それぞれに見ているか。
- 私はクライエントを見ている見方によって，クライエントに自分の感じを伝えているか。私はクライエントに怒っているのか，イライラしているのか，それとも惹きつけられているのか。

　実際には，クライエントの側から，あなたはどのように見えているのだろうか。あなたは瞬きせずにじっと見つめたりしているか（それは，恐ろしいことだろう）。あなたのアイコンタクトは，ボーっとしていたり，関心がないようだったり，怒っているように見えるだろうか。人があなたに対してどのように反応しがちか学んでおき，特に，気が小さく，不安に見え，かなりつらい関係性を体験してきたようなクライエントとやり取りするときには，その知識を組み入れて考えると良い。

　あなたが凝視したことに対して，クライエントが強いネガティブな反応をしても，パニックになってはいけない。クライエントは，あなたが彼らの言

---

†2　「暗黙の記憶」や，後述の「手順記憶」は，乳幼児精神医学や間主観性精神分析で用いられる用語。大人が，言語的・意味的なレベルで他者との交流の意味を認識・記憶するのに対して，言語が未発達な乳幼児は，前言語的・前象徴的な（暗黙の）レベルで他者との交流の行動の順序（手順）を認識・記憶する。この記憶は，言語の統制が及ばないレベルにあるため，言語機能を備えた大人になっても，意識されないまま対人交流行動に影響を与え続けるとされる。

葉に静かに耳を傾けていたときに，強く非難されたと思ってびっくりしたのかもしれない。こんなときは，防衛的にならずに，興味を持つと良い。彼らの中に喚起されたものは，あなたが知りたいものなのである。その瞬間に，彼らがあなたに関してしている経験を探索することに焦点を当てると良い。そのためには，彼らの考えや感情，疑念，恐れについて尋ねるのが良い。あなたの心の中のことについて，彼らが何を考えているのかを聞くと良い。以前，同じような感じが呼び起こされた記憶があるかどうかを尋ねると良い。こうした彼らの経験の要素を調べることによって，彼らの人生における，あなたや他の重要な人物についての無意識的な思い込みを，発見できるかもしれない。言い換えると，クライエントの目が，彼らの発達早期の絆や愛着関係への窓口になりうるのである。

　実践上，注意すべきこととして，椅子は互いに直接向かい合う形で置かないほうが良い。椅子を置くときにわずかな角度をつけることによって，クライエントがアイコンタクトから解放されやすくなる。心理療法の初めの数回のうちに，面接室であなたと一緒にいてどのような感じがするかを，クライエントに1，2回尋ねてみるのも良い。こうすれば，面接での彼らの経験やあなたに対する反応について話し合うことが促される。それはまた，あなたとの相互関係の感情的な背景について話し合うことが治療過程において望ましいことであると，クライエントに伝えてくれる。心理療法の初期の段階では，クライエントがより快適になるように，部屋の状況やあなたの振る舞いを変えることを考えたほうが良い。もうちょっと離れて座ることを望むクライエントもいれば，あるときには目をそらしてほしいと思うクライエントもいる。クライエントが低度から中等度の覚醒水準の間を揺れ動いているときに，心理療法は一番うまくいく。もしあなたが見つめるとか，近づくとか，またはその他の面接状況によって，クライエントを不安にさせすぎてしまうと，心理療法の進展を妨げるかもしれない。

　今までの私の経験を全体的に見ると，ほとんどのクライエントは，たいていの時間は自分に視線を向けてほしいと思っている。彼らはずっとアイコン

タクトし続けることは望んでいないようだが，あなたが注意を払っているかを一定の時間間隔で確認したいようである。私は何人かのクライエントに，視線をまっすぐ向けるのではなく，そらすようにしたらより快適に感じそうか，尋ねてみたことがある。非常に不安が強いクライエント以外は皆，私に視線を向けていてほしいと言った。視線をそらすと，ほとんどのクライエントは，あなたが無関心だったり，退屈だったり，他事に気を取られていたりしていると感じるのだ。全力で注意を向け，それを維持することは，心理療法が成功するのに絶対に必要な態度なのである。

心理療法におけるコミュニケーション・スタイル

　テレビやラジオに出ている心理療法家は，面白い「キャッチフレーズ」を話さなければならないかもしれないが，あなたにその必要はない。クライエントに注意を向けることは，気の利いた台詞を考えるよりも，はるかに重要なことである。「キラキラと輝く」ようなアイディアに，惑わされないようにしたい。私はこのことを，訓練の初期に，最初のスーパーバイザーから学んだ。彼は，私がクライエントに次から次へと複雑な解釈を伝えていることを聞くと，最後に私の脇に寄ってきてこう尋ねた。「クライエントはあなたの言っていることを理解していると思いますか。彼の顔が困惑していたのに気づきましたか」。

　私は，クライエントに苦痛や混乱から脱する方法を考えてもらおうとしすぎていた。この知性化されたアプローチは，私自身の防衛がクライエントに投影されたものであった（私の数多い逆転移の現れの一つである）。もし，言うべきことを考え出すのが難しくて集中しなければならないときは，解釈することは棚上げにして集中し，焦点を合わせ続けて聴くべきだということを，私は時間をかけて学んだ。

　ほとんどの人が心理療法において学ぶ必要があることは，愛着，見捨てられ，愛情，恐怖に関してである。私たちは，原初的で人生の初期に発達した脳の部位で組織化される，基礎的な感情過程に触れようとしているのだ。こ

れらの感情を表す言語も，幼少期の言語であることから分かるように，とても基礎的なものである。あなたがより複雑な言葉や考えを心理療法に持ち込むほど，クライエントの知性化防衛をより刺激することになるだろう。KISS（keep it simple, stupid：単純で簡潔に）の原則は，設計技師のために開発されたものであるが，私たちの仕事にもとても役に立つ。

　心理療法の中で本当に価値があるものは，認知を彩る感情経験である。それらはクライエントの生活の質に変化をもたらす。私たちはクライエントに，もっと会話を少なくして，もっと発言してもらうように手助けしようとする。すばやく要点をつかんで，そこで止めておくようなスタイルにすべきである。言葉の明瞭さ，簡潔さ，正確さは，その後に静寂が続いてこそ，影響力が大きくなる。それが，クライエントにこちらのコメントを処理する時間を与え，それへの連想を可能にするのである。

　次に，悲しんでいるクライエントに対する，二つの話し方の違いについて考えてみよう。まず，こんなふうに言うことができるかもしれない。

　「今日は，あなたが望んでいるほどには，幸せでないように見えます。あなたが今，憂鬱なのか，抑うつ的なのか，絶望しているのか，それに似た状態なのか，あるいはここ数日か数週間を通してずっとそのように感じているのかどうか，私は知りたいのですが」

　あるいは，こう言うこともできるだろう。

　「お気の毒に，今日は悲しいんですね」

　もし，父親との関係について悩むクライエントの話を聞いているなら，こう言うかもしれない。

　「あなたの父親との関係には問題があります。あなたたち2人の間には争いがある。そして，いつも，あなたがしたことを父親が採点しているように感じている。父親があなたを大事にしているのか，あるいは，あなたがやり遂げたことを父親が自分の手柄にして，父親自身の気が晴れるようにあなたがしてあげているのか，そこを見分けるのが難しいのです」

　また，こうも言える。

「あなたは，お父さんがただ愛して受け入れてくれたらと，願っているんですね」

どちらの例においても，明確な感情についての簡潔で率直な言い方のほうが，かなり力がある。あまりに言葉が多すぎて，クライエントが注意を向けて理解することができないような言い方では，彼らの心を楽にすることはできない。あなたがある感情について述べ，それから，クライエントの経験の邪魔にならないようにすることによって，彼らが自分自身の経験に集中し続けることができるようになる。

私たちのコミュニケーション・スタイルは，防衛やコーピングのメカニズムはもちろん，知的で対人関係的な力も含んでいる。私たちのコミュニケーション・スタイルのある側面が，日常の人づきあいにはまったく申し分がなくても，それが最適な心理療法を妨げるかもしれない。過度に知性化されたアプローチ，絶え間なく繰り返される解釈，もしくはクライエントの一挙一動を診断するといった，治療的に役に立たないコミュニケーション・スタイルは，私たち心理療法家を不快な感情から守ってくれるが，クライエントにとってはほとんど助けにならない。

ある日の授業で，2人の学生を選び，1対1の心理療法の短いロールプレイを行った。たまたま，その学生に，当日の早い時間に交通事故に遭った「クライエント」の役を割り当てた。彼女は動揺しておびえていた。そして，ためらいながら交差点での接触事故の体験を話した。男子学生のほうは，まるで警察官が取り調べをするように，「心理療法家」を演じた。彼は，彼女にぶつかった角度，互いの車のメーカー名と型式，ぶつかったときの速度について，数多くの質問をした。これらの質問は，質問者の要求に応じるようにクライエントに強いて，彼女の気持ちを閉め出した。このやり取りは，明らかに心理療法家-中心（therapist-centered）であった。

2人のロールプレイの後に行われた授業での討論では，心理療法家役のコミュニケーション・スタイルが焦点になった。彼は最初は防衛していたが，その後，クライエントの経験に対する自分の感情的な反応について，じっく

り考えることができたと言った。彼は，事故について最初に聞いたとき，不安になったことを認めた。彼は前年に深刻な交通事故に巻き込まれていた。そして，いまだに運転することへの恐怖，悪夢，精神的苦痛に悩まされていたのだった。

　議論を通じて，心理療法家役の彼は，彼女の気持ちが自分の中に引き起こした恐怖に，たどり着くことができた。彼は，事実を集めて細部に注目することで，彼女を感情から遠ざけ，自分がコントロールする立場にとどまることができたのだった。彼の探偵のような仕事ぶりは，彼自身の感情的なニーズを処理した一方で，ほとんどクライエントへの支援にはならなかったし，まったく共感できていなかった。後にクライエント役の学生から，そのときのやり取りによって，彼女の両親が彼女に家事やお絵描きや食事を与えることで，彼女自身の気持ちから気をそらすようにしていたやり口を思い出した，という報告があった。この明らかな逆転移と治療的でないやり取りは，皆に価値ある教訓となった。

　もう一つの，よくあるが役に立たないコミュニケーション・スタイルは，問題を早急に判断したり，ラベル貼りをすることである。ラベルを貼ると，混乱からの抜け道が分かり，一時的に有能な気分になる。しかし，ラベル貼りは癒しにはならない。助けとなる介入につながったときにだけ，有益となる。ラベル貼りの最悪の結果は，特定の考えに固執し，他の可能性を除外してしまうことである。心理療法にあまりよく見られるこの現象を，私は「カテゴリーの早期硬化」と呼んでいる。

　私たちがクライエントを治療する方法は，私たち自身のニーズ，コーピング・スタイル，防衛を反映している。私たちは，他者が私たちの防衛から利益を得るだろうと反射的に思い込み，寛大にも（かつ無意識的に）自分たちの個人的な方略を使うように，他者を教育しようとするのである。それよりも，人が必要としているものを知るために，必要なだけ時間を割くことのほうが，もっと困難なのである。他の誰かを本当に知るということは，私たちがどう感じるかにかかわらず，彼らにとって行く必要がある場所に行こうと

する，という意味である。防衛が私たちを内界の一部から守ってくれるように，私たちのコミュニケーション・スタイルは，私たちを不安にするようなクライエントの側面から守ってくれる。自分の内界についてよりよく知るほど，私たちのコミュニケーション・スタイルは広がり，より柔軟になり，他者のニーズに応じることができるようになるのである。

第3章 では，何をするのか

意識的な努力によって自分の生活を高める能力が，間違いなく人間には備わっている
という事実ほど，われわれを奮起させてくれるものはあるまい。

—ヘンリー・デイヴィッド・ソロー

　心理療法には，言葉と思考，感情と欲求，難しい現実と空想が渦巻いている。そうした非常に複雑な状況の真っただ中で，初心の心理療法家は，自分自身の姿勢や方向感覚を維持しようと奮闘する。臨床理論を実践に応用することについて自信や経験のない者は，直観を当てにすることになる。臨床経験がない場合，そうした直観はどこからくるのだろうか。ほとんどの場合，それはセラピストの個人的な関係性からくる。そのなかには，心理療法に役立つものもあるだろうし，役立たないものもあるだろう。そのうちに，役に立つものとそうでないものをえり分ける術を，私たちは学ぶことになる。直観はなくてはならないものだが，心理療法を導くための手段としては不十分である。私たちが中心を見失ったと感じたときには，中心はなくなり，ケースの見立てと治療計画がなければ，混乱が支配することになるだろう。

　私が訓練を始めた当初，クライエントを手助けするための絶対確実な方法を手にしたと思っていた。私が自分自身に対処してきた仕方で，クライエントの問題にも対処できるということを，クライエントに納得させようとしていた。それは，何が間違っていたかを考えるのではなく，クライエントができたことに焦点を当て，そこから抜け出して問題に取り組む，という意味である。この素晴らしいアプローチが失敗すると，すぐ次に何をすべきかという現実的な考えもなしに，ごそごそ手探りしたものだ。しばらくの間はその場しのぎの対応をしていたが，その後葛藤や困惑を感じ，ついには忘れていたスーパーバイザーの顔を思い出した。幸運にも，スーパーバイザーは「よ

し，スーパービジョンをやろう」と答えてくれた。私の最初の課題は，私の防衛や戦略がすべての人の役に立つという信念を手放すことであった。二つ目の課題は，心理学理論を私の臨床に応用することであった。

　私はすぐに，教室での学びをクライエントとの作業に応用することは，優等生になることとはまったく違う，と気づいた。心理療法の中での感情，クライエントの経験の複雑さ，心理療法過程についての多くの情報は，理論を臨床場面に当てはめることを難しくする。これらの課題のおかげで，（一般の）心理療法と（個別の）クライエントについて明瞭簡潔に考える仕方が，極めてうまくいくようになった。

　20世紀の間に何百もの心理療法技法が発展してきたが，ほんのわずかなものしか，時代の試練に耐えて生き残ることができなかった。今日では，ほとんどの心理療法家が，四つの一般的なオリエンテーション（システム論的家族療法，認知行動療法，精神力動的心理療法，クライエント中心療法，または実存的‐人間性心理療法）のうちの一つに分類される理論と技法を使っており，これらの理論を組み合わせることが，ほとんどの心理療法の主流となっている。それぞれのオリエンテーションを詳細に議論することはこの本の範囲を超えているが，次に述べるような一般原則を，心理療法の道筋から外れないためのロードマップとして提供することはできる。

心理療法をひとことで言えば

　すべてのオリエンテーションは，苦しみを和らげ，症状を軽減し，生活のストレスに対処するクライエントの力を伸ばすように考案されている。うまくいっている心理療法の過程の中で，私たちは経験と理解と感情調整を学ぶ。最終的には，どのオリエンテーションの心理療法でも，自己について，他者について，そして世界について考えるための，ある新しい考え方を教えてくれる。学びの過程のこの部分において，クライエントとセラピストの相互作用を通して，自己の新しいストーリーが形成されていくのである。

　心理療法は，最も基本的なレベルで対人関係を学ぶ環境である。それはい

ろいろな意味で，適切な子育てと似ている。どちらも共感的な他者との養育
的な関係性に支えられ，その一方で，人生の課題に立ち向かうように励まさ
れる場合に，最もうまく学ぶことができる。また，適度な覚醒状態にあると
きも，最もうまく学ぶことができる。適度な覚醒状態とは，私たちを眠りに
つかせるほど低くもなく，また，前向きに学べなくなるような闘争－逃避状
態を引き起こすほど高くもない状態である。

　どの心理療法も，個人が以下のような経験をすることを目指している。

- 思い込んでいることや，信じ込んでいることを調べる。
- 気づきを広げる。
- 現実検討力を向上させる。
- 不安を賦活する経験と向き合うことを助ける。
- ネガティブな自分についての語り（self-talk）を修正する。
- 新しくて，より適応的な人生の語りを進展させる。

　心理療法は，行動，感情，感覚，認知を探索し，観察するが，その際には，
意識を拡大し，人間の経験のこれらの領域の統合を，より強化することを目
的としている。ほとんどの場合，心理療法の根本的なねらいは，情動と認知
（感情と思考）を統合することである。感情と認知の過程の交互活性化を通
して，脳は，感情と認知に関連する神経ネットワークを相互に接続すること
ができる。心理療法のさまざまな学派は，人間の諸機能とそれらを調節した
り統合したりするための技術について，強調点が基本的に異なっている。理
論上のオリエンテーションの違いによって，この過程の結果を，自我の強さ，
情動調節，差異化，または症状の軽減と，異なった名称で呼ぶ。

言うべきこと，すべきこと

　セラピストが言うべきことと，すべきことについての疑問は，いろいろな
形をとる。たとえば以下のように。

- 私は何を問うべきか。
- 私は焦点を当てるものを，どうやって知るのか。
- 私はどのように積極的であるべきなのか。
- 私はどんな技法を使うべきなのか。
- 私はどんなときに話し，どんなときに沈黙を守るのか。
- 私はいつ解釈をするべきなのか。
- 私はどんな介入をするべきなのか。

　これらの疑問に対する具体的な答えは，あなたの理論的オリエンテーションや，あなたが関わっているクライエントの見立てによって異なる。だが，一般的には，それはあなたの理論的な知識によるのだろう。理論的知識は，あなたが体験していることをどう理解するか，診断と治療についての仮説をどう進展させるか，次に何をすべきかという考えをどう生み出すか，の3点を知ることを助けてくれる。

　たとえば，中等度の抑うつと社会的孤立に悩んでいる若い男性，グレッグについて考えてみよう。あなたの理論的オリエンテーションによって，こうした一つの症状に対して，多くの異なったアイディア，方略，方策を思いつくかもしれない。精神力動学派の心理療法家ならば，まずはじめに，自己像を否定的にし，自尊心を低下させた早期の恥の体験について，考えるかもしれない。認知行動療法家であれば，グレッグの抑うつを引き起こし，それを持続させている否定的な自己陳述（self-statement）^{訳注†1} に，焦点を当てるかもしれない。システム論的家族療法家であれば，彼の抑うつを，家族内のホメオスタシスとスケープゴートといった見地から見るだろう。実存主義的心理療法家であれば，グレッグが人生の意味を見失っていることに目を向け

---

†1　認知行動療法で使われる用語。出来事の意味について自分に言い聞かせる言葉。そこに本人の認知が反映されていると同時に，その言葉が本人の認知を規定している。それが不適切な認知を維持しているのであれば，「自己陳述」を変化させることが当面の治療のターゲットとなる。

るかもしれない。治療初期の着眼点は理論によって非常に異なっており，心の病気や心の健康，治療関係をどう用いるか，どの方略や介入を用いるかということについて，異なった理解を導き出すだろう。

　良い結果を生み出す心理療法すべてに共通する要因としては，以下のものがある。

- 心理療法家の関心，思いやり，共感的な調律（attunement）訳注†2。
- 育むことと挑戦させることのバランス。
- 快適さとストレスのバランス。
- 感情と認知のバランス。
- 感情調整を増大させるという目標。
- 自己についての新たな語りの共創造，または自己についての新たなストーリーの発達。

　グレッグとの治療に際して，私なら，上述の考えを心にとどめつつ，まずは彼に対する私の人としての配慮と，彼の悲しみと孤独への感情調律とを伝えるようなつながりを進展させるように，努力するだろう。それから，彼のネガティブな自己概念に挑んでいくのをサポートすることや，つらい個人的エピソードを共有するように励ますこと，あるいは彼の社会恐怖に立ち向かうために不安を喚起する状況を構築することを，バランスよく行うよう努力するだろう。話し合いながら，彼が（より苦痛が少なくなり）より高いストレスに耐える力が増大するのを助けるために，感情経験とその明確化を促しつつ，問題に取り組むことと支持を交互に行うだろう。

　カール・ロジャーズの言う思いやり（compassion）によって引き起こさ

---

†2　「調律」は，もとは乳幼児精神医学者のダニエル・N・スターン（1934-2012）の用語であるが，最近ではより広義に，「言語を介さなくても，相手の情動・感情に，こちらが音叉のように共鳴して，相手と同様の情動・感情が生じる」といった意味で用いられることが多い。

れる防衛のわずかな崩れから，死という実存的現実に直面することや，認知行動療法における恐怖を喚起する刺激への暴露に至るまで，すべての治療法が，ストレスは必要であることを認めている。各々のクライエントに対して，心豊かな配慮とストレスを与えることの正しいバランスを学ぶことは，どんなオリエンテーションの心理療法家にとっても重要な課題である。このバランスの中で，感じていることを言語化するクライエントの能力に伴って感情が喚起されることは，情緒の発達，洞察，症状の軽減に最もつながりやすい。これは，フロイトの最も重要な洞察の一つであり，理論的オリエンテーションに関係なく，心理療法の中心にあり続けることである。

　心理療法においては，理解することは最後の目標である。理解は空虚な勝利であり，結局，変化しないままの問題に対して，詳細な心理学的説明をするだけのことになる。かといって，意識的な考えの伴わない感情表現も，ポジティブな変化にはつながらない。心理療法家はそのオリエンテーションにかかわらず解決方法を考えて，自分の感情に圧倒されているクライエントを励まし，自分の感じていることを経験し，表現することから情緒的に切り離されているクライエントを，手助けするのである。

　この過程を通して，グレッグと私は，ある言葉を共有し，発展させていくことになるだろう。それは，彼自身と彼の世界を考えるうえで，新たな道となるような言葉である。この「共－構築された」語りは，将来の経験と行動の青写真を提供してくれるに違いない。このすべてをいかに最後までやり切るか，そしてグレッグが心理療法からどんな語りを受け取るかは，私の理論的オリエンテーションに深く依拠している。

　理論的オリエンテーションに加えて，心理療法を通してあなたを道案内する，理論に基づいた基本的なツールが三つある。それは，① ケースの見立て，② 治療計画，③ ケース記録，である。これらは，心理療法の過程の理解，どのように理論をクライエントに適用するか，セッションごとに何に焦点を当てるべきかということの，基本を教えてくれるだろう。そして，スーパービジョンは，こうした技術を提供してくれるに違いない。具体的なことは，

あなたの治療設定やスーパーバイザーによって異なるだろうから，治療形態と特異的な専門用語については柔軟にかまえなければならない。最も重要なことは，どんな場面でもあなたの仕事に応用できるような，一般的な原則を学び，理解することである。

ケースの見立て

　ケースの見立てとは，あなたの理論的オリエンテーションを，クライエントに適用することである。ケースの見立てによって，心理学的な苦悩の原因と治療について理解する方法と，あなたの治療方略の理論的根拠を得ることができる。さらに，ケースの見立てとは，クライエントの困難の原因，影響，複雑化させる要因を，心理療法の手引きとなる理論的枠組みの中に位置づけることでもある。

　ケースの見立ては，以下の項目からなる。

- 主となる問題，症状，疑われる診断の記述。
- その問題がどのように，そしてなぜ生じ，時間とともに変化してきたかを説明する見解。
- その問題がどのように対処され，治療されるのかという一般的な説明。

　心理学的問題はたいてい，生理学的変数と社会的変数の相互作用から生じる。適切ではない育児，ストレス，トラウマ，代謝異常は，精神的悩みにつながりうる。精神力動的観点，認知行動的観点，その他の観点は，問題がどのように生じ，持続し，そして治療されうるかについての仮説を提供してくれる。個別のケースの見立ては，そのクライエントの困難を，個別の目標に焦点を当てた治療計画につなげるために，一つまたは複数の観点を活用することが基本となる。

　仮に，グレッグを，認知行動療法的オリエンテーションで治療することに決めたとしよう。その場合，あなたはおそらく，ベック抑うつ質問票をグレッ

グに渡して，彼の抑うつの程度を測ることから始めるだろう。また，自殺の可能性を査定し，彼の家族の中で抑うつが広がっていないかを知るために簡単な家系図を作り，また，抗うつ薬が効く可能性を検討するだろう。次に，グレッグ自身，世界，将来についての彼の考えを聴き取り，同様に，グレッグの日常的な活動について詳細なアセスメントをするだろう。このやり方は，グレッグのネガティブな認知を修正し，孤立や活動性の低下といった抑うつの影響を克服するような，ポジティブな社会経験が得られる行動をとるように励ましてくれるだろう。あなたとグレッグの相互作用は，先を見越して構造化されたものとなるだろう。あなたはグレッグに，客観的な尺度と行動表をつける宿題を出して，彼の進み具合を評価することになるだろう。全体的な目標は，グレッグの抑うつと社会的孤立の両方を軽減させること，となるだろう。

　精神力動的観点からの治療は，まったく異なったものに見えるかもしれない。その場合，あなたは，さらにグレッグの自殺の可能性を評価しようとするだろう。そして，薬物治療の助言を求めて他に紹介するかもしれない。これらの基本的なことのほかに，あなたはより構造の弱い関係性を提供し，積極的に指導するような治療はしないだろう。あなたは，グレッグの抑うつは，トラウマや愛着の問題と関連した発達初期の問題からきている，との仮説を立てるかもしれない。そして，あなたは彼に，彼自身の幼少期，人との関係性，そして彼が心理療法でどのような体験をしているかについて，話すように促すだろう。あなたはグレッグに，あなたについての感じを検討し，彼の夢を共有し，自由に連想し，彼のファンタジーについて話し合うように，と求めるだろう。あなたは，心理療法の成功を判断するために，グレッグがポジティブな方向に進んでいるようだと感じているかどうかに，最大の関心を払うだろう。

　同じケースについて，二つの異なったアプローチを考えてみて分かるように，理論的見立ては，どのように心理療法が行われるか，話し合われる内容，クライエントの関係性の体験の点で，異なった結果を導き出す可能性がある。

何をすべきか，という問いに対する一般的な答えはほとんどない。なぜなら，その答えが，あなた自身の理論的オリエンテーションにかかっているからである。私は，多様な理論的オリエンテーションからクライエントを見立てる訓練をすることをお勧めする。常に，ケースの見立てを定式化することを試みるべきであるし，もし初めは難しかったり，ややこしかったりしても，がっかりしてはいけない。これには，時間と習熟を要するのだから。ケースの見立てはあなたを導く地図である。行き先を尋ねることを嫌がってはいけない。

治療計画

　ケースの見立てと同様に，治療計画も，あなたの理論的オリエンテーションに基づいている。クライエントが立てた治療目標から逆算して，あなたの目標に導くような介入を考案すると良い。治療計画は，治療目標に向けて課題のレベルが徐々に上がっていく間，ずっとあなたの介入を治療目標と結びつけてくれる。心理療法過程は，治療を導いている目標がどれだけ到達されているかによって，評価されるものである。

　グレッグの治療計画に，彼の社会生活への適応を高めていくことが含まれ，治療目標は，グレッグを週3回，社会活動に参加させることになったとしよう。この目標のために必要なこととして，治療計画にアサーティブ・トレーニング[訳注†3]と集団心理療法を導入すること，社会参加するときにグレッグ自身が使えるようなリラックスする方法を教えることが，含まれるかもしれない。また，孤独感を和らげるためと，グレッグの準備ができたときに一緒に社会活動に参加してくれる人を探し出すために，毎日少なくとも1人の友達に電話することも，含まれるかもしれない。グレッグが1週間ごとに社会的接触をした回数が，彼の社会化の進展についての全般的な評価尺度になるかもしれない。

---

†3　アサーティブ・トレーニング（アサーション・トレーニング，自己主張訓練とも言う）とは，自分と相手の権利を尊重しながら，率直に適切に自己表現できるようになるための，認知行動療法の技法の一つ。

　クライエントの失敗経験を最小限に抑えるためには，目標までのステップを扱いやすい要素に分けるのが良い。あるステップの失敗は，初めに達成しておくべきステップを，あなたが見落とした，ということかもしれない。こうした失敗の責任をとることは，クライエントを安心させることにもなりうる。もし，グレッグが社会的な集まりに行くという目標は達成できても，あまりに不安で，ほとんどの時間を恐怖に凍りついて過ごしたのならば，まず初めにグレッグの不安に対処する必要があるのは明らかである。このように，「失敗」は今後の前進のために価値ある情報を与えてくれる「実験」として，とらえ直すことができる。

ケース記録

　ケース記録は，簡潔で的を射たものでなければならない。ケース記録はふだんは守秘されているものだが，クライエントが読んだり，法的な理由で開示されたりする可能性も常にある。ケース記録は簡潔さを保ち，不必要なことや，恥になるような可能性を秘めた個人的詳細は，避けると良いだろう。脅威と危険を伴うようなすべての緊急事態を，必ず勘案しておく必要がある。話し合われたことの概要，面接が実施されたのかキャンセルされたのか，遅刻，支払いについては，記録しておくべきである。なぜなら，それらはすべて治療上重要なことだからである。これらの基本を押さえたうえで，あなたのケース記録の内容は，あなたの理論的オリエンテーションと，あなたが経過を追っている事柄によって，異なってくるだろう。それぞれの臨床場面によってケース記録の基準はさまざまであるため，その臨床場面で求められることをきちんと学び，それに従うと良いだろう。

　グレッグのケース記録には，治療計画，達成過程，行き詰ったこと，その他の関連することの概略が含まれるかもしれない。ケース記録は，目標と目標に向けたステップの両方を追って行くために使うと良いだろう。面接前にケース記録を簡単に見ておくことで，あなたは治療の今の局面に立てるに違いない。これは，毎週たくさんのクライエントと会っている場合，治療の要

点をつかむために，特に重要なことである。

　時々，私はクライエントと共有しても良いような書き方で，記録を書く。これは，疑い深いか，もしくは妄想的なクライエントの治療を行う際に，特に重要である。クライエントが，私が彼について何を考えているのか，ファイルの中に何が入っているのかが気になると話した際には，私は率直に記録をクライエントに渡すことにしている。記録の内容が，私と彼の話したことと完全に一致しているのを見ると，彼は落ち着き，再び記録を見せるように要求してくることはめったになくなる。このやり方は，信頼関係を構築するのに良い方法になりうる。

　誰でも進歩するのが当然だとするならば，来た道を思い出すことが希望を与えてくれ，元気づけてくれるだろう。記録というものは，クライエントの進歩を，達成感を伴って示すように構成することができる。クライエントと一緒に，記録をカルテやグラフや発言リストの形にして，残すこともできる。それらは，治療目標に向かう歩みの記録の役割を果たしてくれる。こうしたケース記録は，クライエントと協同制作している感覚を強めるし，あなたと一緒に記録をつけるよう誘うことは，クライエントの可能性や潜在性に対するあなたの敬意を示すことにもなる。

逃れようのないジレンマ[†4]

　初心の心理療法家は，理論と実践をつなげるのに苦労するものである。初めてクライエントの面接を開始するときには，心理療法の理論的側面と実践的側面は脳の二つの領域に分かれて存在しており，脳は両者の間のやり取りをするのに悪戦苦闘する。訓練プログラムは，理論的な内容の講義と臨床実践の講義をばらばらに提供し，理論と実践を結びつけることは外部のスー

[†4]　原題は，"The Catch-22"。ジョーゼフ・ヘラーの小説 *Catch-22*（1961年）（飛田茂雄訳〈2016〉キャッチ＝22．早川書房）からの引用。主人公が精神障害であることを理由に軍の除隊を申し出ると，「自分で自分のことを精神障害と判断できるのだから，精神障害ではない」とされ，除隊できないジレンマに悩む。こうした不条理な思考に縛られて身動きが取れない状態の表現と思われるので，このように訳した。

パーバイザーに期待されている。逃れようのないジレンマとは，多くの外部
のスーパーバイザーが，学生は授業の中で理論と実践を学んで統合している
と思い込んでいることである。スーパーバイザーが学生なら当然知っている
べきだと思っていることを，学生もすでに学んだと思われていると分かって
いて，他になすすべを知らない。そういう多くの学生は，自分たちが何か間
違っているのではないかと感じ始め，無知であることを隠し続ける。私も，
その隠蔽工作に加担しながらも，最終的にその見え透いた芝居をやめるまで
のかなり長い間，この問題を変えようとし続けてきた。

　この逃れようのないジレンマを，何とか避けるようにしてみるべきである。
なんとしても，理論と実践とその二つを統合することを学ぶべきである。理
論と実践を結びつけることは，たくさんの指導と繰り返しを必要とするよう
な，一組の独立したスキルである。あなたのスーパーバイザーに，ケースの
見立て，治療，記録の取り方に応用している理論的オリエンテーションを，
明確にするように求めると良いだろう。もし，理論と実践の統合を授業で習
わなかったり，スーパーバイザーが忙しすぎて，または能力がなくて，あな
たにこの手の訓練をできないと感じたなら，理論と実践の統合の手立てを，
他の指導者や本やワークショップから探し出さなければならない。頭の良い
心理療法家になることは，そんなに難しいことではない。しかし，理論と実
践を結びつけるスキルや能力がない腕の良い心理療法家──それは，あり得
ない。

第4章　生き残り戦略

物語は語られなければならない。さもなければ，死んでしまう。物語が死んでしまえば，

　私たちが何者で，なぜここにいるのかを，思い出すことができなくなってしまう。

　　　　　　　　　　　　　　　　　　　　　　　　　　　　　　—スー・モンク・キッド

　私は数年前，複数の統合失調症患者とその家族に，精神的な病についての説明をした。1時間で，症状，薬物，さまざまな治療について話した。話した後にいくつかの質問を受け，グループで短い討論をして，夕方に終了した。私がノートを片づけていると，あるクライエントがやって来て勢いよく私の手を握り，こう言った。「先生，良かったです。あなたは，まさに情報の座薬です!」。そして，彼は踵を返して去っていった。

　はじめ，これは連合弛緩ではないかと思った。だが，後になって，彼の病に関する私の「見解」をどう位置づけることができるかを，私に語っていたのではないかと思い始めた。彼の本当の意図は分からないが，私が自分のことをあまりにも深刻に考え始めたときにはいつでも，私が情報の座薬であることを思い出すと，物事を大局的に見られるようになる。

　私たちは深刻な仕事をしている。時には圧倒されることもある。私たちは，自分の身に降りかかる専門家としての危険性や落とし穴を，あまりにも頻繁に発見することになる。したがって，長く楽しいキャリアを積む可能性を高めるために，いくつかの戦略からなる訓練を始めることが役に立つ。以下に，私が特に有効だと感じた「生き残り戦略」をいくつか挙げる。

病理に直面してもパニックにならないこと

　過去の経験を振り返ると，私が冷静さと集中力を保つのが最も困難だった臨床場面は，下記のようなものだった。

● 自殺の脅しと自殺行動

● 自傷

● 子どもへの性的・身体的虐待

● トラウマ体験の報告

● クライエントの性的関心そして／または性的接近への対応

● 奇異な精神病的信念

　もしあなたがこれらのことに直面したら，第一の生き残り戦略を思い出す必要がある。それは，パニックにならないこと！　有能な臨床家は，この種の困難に直面しても，有能さを保ったままでいる。不安は理性的な問題解決の敵であり，パニックになれば，経験豊富な臨床家でさえ，治療の知識からではなく生存反射からの行動をとってしまう。

　つらい体験や激しい症状があるクライエントは，他の人なら避けて拒否するような世界での生活に慣れている。クライエントの苦しみの表現を通して，共感的に彼らにつながり続ける能力があれば，心理療法が質的に異なった関係体験になる段階に入る。そこでは，痛みも何もかもが受け入れられる。クライエントがトラウマを語ろうとも，治療関係の中で彼らの苦闘を行動化しようとも，集中と注意とつながりを絶やさないことが，癒しの関係性を提供する私たちの能力の根幹である。

　パニックにならないもう一つの理由は，より繊細で深いものである。トラウマや虐待の被害者は，彼らの経験を共有すると，聞いている者を非常に動揺させることに気づくことが多く，結局，自分を保護してくれるはずの人を世話しなければならなくなる。多くの被害者は，自分が経験してきたことを知れば他の人は耐えられないと訴えるが，悲しいことにそれはしばしば真実である。被害者は，他者を動揺させたり自分が拒絶されたりすることを避けて，自分の被害が引き起こす感情的反応に対処しなければならないので，自分自身のことを一部だけ話すか，まったく話さないことを学ぶ。彼らがストーリーを語らないことは，考えられる限り，最も治療的でない結末である。心

理療法家がパニックにならないことで，クライエントはつらい経験を共有できるようになる。そのことが，なじみのある非治療的な世話役に陥ってしまうことから，クライエントを解放するのである。

　私の初心の頃のクライエントのひとりが，ショーンという名前の若い男性だった。彼は演劇的な才能に恵まれていた。自分の問題を雄弁な言葉で包み隠しながら，大げさな身振りで相談室の中を大股で歩き回った。ある時，彼は窓を開け放ち，窓の敷居に座った。ブラインドのひもを手に取り，巧みな結び方で完璧な首つり縄を作りあげた。その首つり縄を手からぶら下げて，死刑執行人のように前後に揺らした。時々彼は，彼の非言語的コミュニケーションへの私の反応を細かく探るために，私を見ていた。そうしたかと思うと，今度は3階の窓から胴体のほとんどが外にぶら下がるところまで身を乗り出すことを繰り返した。

　これは，私の臨床経験で最初のパニックだった。私はこう思った。「うわ，参ったな。面接中に窓からクライエントが飛び降りた実習生として，知られてしまうかも。私の名前が付いた訴訟が有名になるかも。そうなったら私の評価はどうなるんだろう?!」。彼の頭が窓の外へ消えるたびに，私は振り返ってマジックミラーを見た。その向こうには，私のスーパーバイザーと他の学生たちがこの面接を観察していた。私は，悲劇のオペラの登場人物のような表現力でもって，「助けて！」と口を動かした。

　賢明にも，スーパーバイザーは介入しない選択をし，ショーンは幸い窓から飛び降りることはまったくなかった。後になって気づいたのだが，ショーンは，彼の行動に対する私の対処能力を試していたのだ。彼は，自分が手に負えない人物だと分かっていたわけだ。彼は，家族や友達とは違って私が冷静さを保ち，かつ彼から離れずにいられる精神力と集中力を持っているかどうかを見たかったのである。

　私は長年にわたって，手首に自傷してドアの前に現れるクライエントや，子どもを虐待していることを私が通報したために暴力で脅してくる父親や，さらには（政治的な拷問や残虐な児童虐待の被害者と，心理療法をしていた

時期の後半には），人間の最も卑劣な行いの話に取り組んできた。クライエントによっては，面接中に発作を起こしたり，糖尿病性昏睡に陥ったり，長くつらいフラッシュバックを経験したりした。私は常に最善策を知っているわけではないが，一番の生き残り戦略はいつも心にどとめている――パニックにならないことだ。パニックにならなければ，そこで何が起きているのか，そして自分に何ができるのかを，考えることができる。

　経験は大切である。このような状況に対処すればするほど，冷静でいられるようになる。その一部は，「未来への記憶」を作ることになる。つまり，長い時間をかけて恐ろしい局面や危機的な状況に直面することに慣れてくると，意識的な問題解決と良い結果がついてくるようになる。このような経験の繰り返しは，ある種の感情的記憶を形成する。それは，危機的な状況でも物事が何とかなることを思い出させるような感情的記憶である。

　さらに自信が持てるようになると，「未来への記憶」は，例えば以下のような危機的状況での行動計画を，前もって準備しておくことを助けてもくれる。

- スーパービジョンの早いうちに，クライエント自身や他の人に危険が及ぶようなさまざまな緊急事態に備えて，あなたがすべきことをスーパーバイザーと詳細に話し合う。
- スーパーバイザーを含めて，緊急時の電話番号を，短縮ダイヤルに入れておく。
- 潜在的に問題のある，または危険なクライエントの予約は，スーパーバイザーやその他のバックアップの熟練者がいる時間に入れる。
- あなたが不安を感じるクライエントと会うときには，周りの人に用心してもらい，必要があれば応援にかけつけてもらえるように，警戒態勢をとってもらう。
- クライエントをめぐる微妙な感じと直感に注意を払い，それについてスーパービジョンで話し合う。

予想外のことを予想する

　危機や困難状況にうまく対処できるようにするための準備の意義を，決して過小評価しないことが大事である。それは，第二の生き残り戦略，すなわち，予想外のことを予想するにつながる。極端な状況が発生したときには，以下のいくつかの原則を念頭に置くと良い。

- ささいな出来事を大惨事のようにとらえないこと。怒りの爆発や制御不能なすすり泣きといったクライエントの強い感情は，1～2分足らずで変わりがちである。
- 境界を維持すること。もし，クライエントがある気持ちを感じているとしても，それをあなたも感じなければならないということはない。
- 落ち着いていること。あなたが静かに座っていれば，クライエントに安心感と落ち着きを与えるだろう。
- 構造を提供すること。クライエントが感情的に抑えきれなくなったとき，「座って呼吸に集中していると，楽になると思いますよ。さあ，一緒にやりましょう」というような，穏やかだが断固とした指示を与えることが，しばしば有効である。
- 希望を与えること。クライエントの感情を理解しながらも，状況が良くなることをクライエントに思い出してもらう。多くのクライエントは，自分と同じような問題を抱えた人たちをあなたが助けてきたという事実に，希望を見出す。彼らと似たクライエントが，良い結果になった話をすると良い。
- 強みと資質について話し合うこと。私たちは危機の中にいると，自分の強みや資質や特技を，簡単に忘れてしまうものである。難しい面接の終わりに，それらのことを数分でも話し合うことは，希望を与えるだけでなく，困難なときには忘れられていた，関係性と活動性の回復といったことに役立つような，さらなる介入のヒントも与えてくれる。

　ある日曜日の朝，ある若い女性から，その日の午後に緊急に会ってほしいという電話を受けた。私のオフィスに着くと，外にある椅子にサンデイがぐったりと座っており，半分眠って半分ショックを受けているように見えた。彼女はやつれて見え，顔色が悪く，身体的な健康が差し迫った課題だと感じた。オフィスの中に入るとすぐに，彼女は淡々とした口調で，前の晩にナイトクラブの外の駐車場でレイプされたと思う，と話した。彼女は，東海岸の学校から家に 1 週間戻ってきており，友達数人と踊りに行っていたのである。彼女は，いつものように意識がなくなるまで酒を飲んでいたので，セックスが同意の上だったかどうか思い出せなかった。

　サンデイの言葉は，亀裂の入ったダムから水が噴き出すように，よどみなく流れた。彼女は，心の奥底で気にかかっていることすべてを私に話したかったし，話す必要があった。彼女は，過食症，コカインの使用，大量飲酒，数多くの深刻な自動車事故，学校での落第点，そして数えきれないほど多くのボーイフレンドからの被害について，長い歴史を述べた。サンデイはまた，愛されない子ども時代と，彼女がとても幼い頃から両親が全寮制の学校に送り出したことを語った。彼女はおよそ 90 分話し続けたが，私は中断しなかった。なぜなら，彼女の痛みのすべてを，援助できる人といつかは共有する必要がある，と私が感じたからである。

　サンデイは，自分には「6 個」の問題があり，多くの診断があり，いくつかの支援団体に入りたいが，自分には希望がないと感じている，と語った。前の晩に起きたことは，彼女にとって異例のことではなかった。違っていたのは，絶望感と希死念慮であった。その後，彼女は静かになり，私をちらっと見てカウチに深く座り，「どうぞあなたの番です」という顔をした。私は彼女の話に没頭し，彼女のむなしさと痛みにとても印象づけられていたので，自分が話したいことに注意を向け変えるのにしばらく時間がかかった。

　サンデイの生活は，明らかに自制心を失っていると感じられた。私がしたかったことの一つは，彼女が私に話してくれたことのすべてを取り上げることであり，もう一つは，彼女の話を私が聞いて，彼女の苦しみの深さを理解

し，彼女に伝え返すことであった。それも，彼女により良い人生を送る希望
を与えるような視点と計画を提供できることを，はっきりと示すような言い
方で伝え返すことであった。彼女が私に話したことすべてを考慮して，いく
つかの考えが浮かんだ。私は彼女にこう話した。「サンデイ，あなたは数多
くのさまざまな問題を抱えているようですが，私には，中心的で大きな課題
が一つあるように思えます。それは，愛され，大事にされていると感じるこ
とが必要だ，ということです」。私は，これは正しいだろうと思った。なぜ
なら，彼女の目から初めて涙が流れ落ち，彼女の態度が変化したのが分かっ
たからである。「あなたの摂食障害，アルコールと薬物の使用，悪い人間関
係は，すべて違う問題のように見えますが，私の感覚ではそれらはすべて，
あなたが日常的に感じている孤独と不安に対処しようとする試みなのでしょ
う。あなたが新車で木にぶつかった交通事故でさえも，両親に何か悪いこと
が起きていると伝えるすべだったのかもしれません。しかし，事故のたびに，
両親はあなたの痛みを聞くことなく，別の車を学校に届けただけだったのです」。

　「6個」ではなく，1個の中心的な問題に絞ったことは，サンデイに希望
を感じさせた。彼女は学校を一時休学して，彼女の家族と共に，愛着，人と
の絆，子育て，世話，愛情といった問題をめぐって，私との心理療法に取り
組み始めた。サンデイの家族は彼女にとって理想的ではなかったが，両親の
感情が不適切だったことの多くは，彼女がかわいくないからではなく，両親
自身の限界があったからだと，サンデイは学ぶ必要があった。両親は娘がお
金以上のものを必要としていることを学ばなければならず，サンデイは自分
が必要としていることをより健全に求める方法を学ばなければならなかっ
た。

▢ コミュニケーションとしての危機

　サンデイの場合のように，危機はコミュニケーションの一形態であること
が多く，言葉が見つからない，または聞き入れられないときの，コミュニケー

ション方法なのである。多くのクライエントは自殺と格闘しており，それより対応が困難な臨床場面はほとんどない。自殺行動，自殺のそぶり，希死念慮は，クライエントと私たち自身に目を向けさせる。私たちは皆，クライエントを保護する義務があると言われているが，保護するための，かつ，それでもなお治療関係とクライエントの守秘義務を維持するための，最善の方法とは何だろうか。私たちは，困難な臨床場面への対応を学びはするが，決して簡単にはすまないのである。

　ロベルタはうつ病を何年も患っていた。彼女は，数年ごとに極めて致命的な方法で自殺しようとする，と語った。ロベルタは両親，兄弟，友達から，まったく愛と注目をもらえなかったと感じていたのだが,年月を重ねるにつれて，自分の自殺行動が愛と注目を得ようとする絶望的な試みであったと，理解するようになった。私は，彼女が生きたいと思っていたことは明白であったが，助けを呼ぶはずが誤っていつかうっかり自殺既遂してしまうのではないかと，心配していた。ある日の午後，彼女はその夜遅くに確実に自殺をする計画を携えて，私のオフィスに来た。彼女が，銃を手に入れ，地下室に降り，死への舞台を準備するという詳細な計画を話したので，私はますます恐ろしくなった。彼女の説明があまりに詳細だったので，私はその一連の行為を，場面ごとに鮮やかに頭の中に描くことができた。私の心の中をいくつかの選択肢が駆けめぐった。彼女が私のオフィスから出ないようにする，警察に電話する，病院へ連れていく，などである。私はパニックにならずに落ち着くようにし，これらの選択肢の論理性，事態を複雑にする可能性，リスクについて，じっくり考えた。頭に浮かんだすべての介入は，ロベルタの以前の心理療法家たちによってすでに行われており，結果的にそれぞれの心理療法家との関係を終わらせることになった。私に，何かほかにできることがあっただろうか。

　まだ冷静さを保つのに苦労していたので，私はロベルタに，自殺を試みることで成し遂げたいと思っていることは何かと尋ねた。彼女が述べたことから，いかに彼女が孤独で傷ついたと感じているかを兄に知ってほしかった，

ということが明らかになった。彼女は，兄が彼女のしたことを気に留めなかったことに対して，兄に罪悪感を持ってほしかったのだ。この話からすぐに，彼女の内的経験と私の共感のいたらなさを，私に分かってほしいという話になっていった。ロベルタはどういうわけか，私に彼女の痛みの激しさを分からせる唯一の方法が，自殺企図だと思っていたのである。

　その面接が終わるまでに，私は次のことをなんとか伝えた。つまり，私が彼女の苦しみの深さと，彼女が自殺をしようとする理由を理解したこと，そして，私がそれを理解したので，（コミュニケーションとしての）自殺企図はもう不必要になるだろう，ということである。また彼女に，私はこの関係を続けたいと思っていること，彼女の過去の入院はいつも心理療法家との作業を中断するという，非常に残念な結果になったことをはっきりと言った。ロベルタと私は自殺行動についての一般的な取り決めをし，この困難なときを乗り切るために，追加の話し合いの機会を持つことにした。私にとってこの面接で最も重要なことは，パニックになるのを避け，訓練を思い出し，心理療法家の役割にとどまり，そこでロベルタの経験とつきあっていく，そういう私の能力だったのである。

非論理的な人に理由を尋ねないこと

　これが，第三の生き残り戦略である。そうすれば，無駄にエネルギーを割いていた時間を減らし，とても不合理な行動の裏にある，重要な感情的現実を見逃さないようになる。一般的には，複雑な問題の解決を発見するのに役立つような理性を当てにすることもできるが，それはいつもうまくいくとは限らない。理性によって揺らぐことがありえないほど真実であるような，確固たるイメージを持っている人もいるのだ。脳の情動回路は，理性的思考を抑制し，無効化することが簡単にできる。そのおかげで，自分の先入観や信念に合う事柄しか理解しないクライアントもいる。神を味方につけて戦っている者は，神が戦に敵を連れてくるとはまず考えないものである。

　私は何年もの間，病棟で精神病の人たちと積極的に心理療法をした。私は，

個人療法と集団療法の両方でクライエントと会って，多くの病棟活動に参加した。ワンダという名の女性との面接中に，彼女が妊娠数カ月だと信じていることに気づいた。看護師たちと話し合って，妊娠はほとんどありえないことと，ワンダは妄想的信念の症状があることを確かめた。看護師たちがこのことをワンダに話しても何も変化はなく，彼女は確固として，もうすぐ母親になると信じ続けていた。

　さらにややこしいことに，ある面接の中でワンダは私に，猫を妊娠していることを明かした！　私は猫好きだったが，これには驚かされた。私は，まだ予想外のことを予想することを学んでいなかったのだ。そして，間違いなく何かしなければならないと確信した。私は彼女に，後の集団療法でその考えを話すように，と提案した。グループの他のメンバーが彼女のストーリーを聞いたら，メンバーたちがワンダの考えは不可能なことだと気づく手助けをしてくれるのではないかと考えたのだ。

　私の提案どおり，彼女はグループで自分の順番を待って，喜びに満ちた発表をした。はじめは何人か疑う人もいたが，その時間が終わるまでにワンダは，もし条件が整えば雄猫が女性を妊娠させることは可能であると，グループに納得させた。彼女の説得するスキルに仰天し，感心させられたが，それでもなお，私は現実を認めさせるキャンペーンを諦めなかった。集団療法の後，私は看護師に妊娠検査の予定を組むように頼んだ。ワンダが医師から妊娠していないと聞けるようにである。そうしなければならなかったのだ！

　翌週，ワンダは妊娠検査から，実に晴れやかに帰ってきた！　彼女は，医師と会ってきて子猫が順調だと聞き幸せだ，と皆に語った。事実，内診の間に，彼女は数本の髭を見つけたのだった。グループは子猫のシャワーを計画し始め，かなりプレッシャーをかけられたすえ，私が猫用のトイレの箱を用意することになった。ワンダの子猫のシャワーの計画について，グループで話し合っていると，看護師たちは涙が出るほど笑っていた。彼らは，妄想的な信念に反論しないことを，ずっと以前に学習していたのだ。どうやら，ワンダに「現実検討力」を持たせようとした実習生は，私が初めてではなかっ

たらしい。看護師の一人が思いやりのある微笑みを浮かべながら，私が心理療法の限界にぶつかったのではないかと，それとなく言った。

　不合理な信念には，しょっちゅう出くわすものである。慢性のアルコール依存症のクライエントは，適度に飲むことができると断言するだろうし，やせ衰えた拒食症のクライエントは，頑なに太りすぎを主張するだろう。そのようなときには，あなたの現実を強制的に押しつけるよりは，むしろ身を引いて，彼らの目を通して見える世界を発見すべきである。忍耐強く理解していくことが大事である。ほとんどの人が，治療過程を進みながら，ゆっくりと，方略に従って，タイミングを見て，現実に触れることで，自分の信念を絶え間なく再評価する。ワンダがはっきり示したように，「力づくの」現実検討が常にうまくいくとは限らない。非常に妄想的なクライエントでさえ，自分の現実があなたの現実とは違うことに気づくことがしばしばある。あなたの共感能力は，どんな理性的な議論よりも合意できる現実を彼らにもたらしてくれるし，望む結果が得られないかもしれないという欲求不満から，あなたを守ってくれるだろう。

　私は，自分の現実をワンダに押しつけようとするのではなく，彼女が精神を病んでいるにもかかわらず，子を愛し慈しみたいと強く望んでいることを，理解する必要があったのである。ワンダは別の現実に対処していたのだ。つまり，家族と離れ，年を取り，彼女自身の子どもを持つことはもう決してないという現実に，である。女性として育まれ，満たされたいという彼女のニーズは，治療の最終的な焦点であり，むしろ，はじめからそこに焦点を当て続けるべきだったのだ。彼女は，家族と一緒に家にいることができるように定期的に服薬する必要があり，その一方で，家族は彼女の病気の支援の仕方を知る必要があった。たぶん今の私なら，動物保護施設へ行って，ワンダに子猫をもらってきて，治療を始めただろう。

クライエントの強みを忘れないこと

　異常心理学，診断，治療についての授業を何年も受けていれば，あらゆる

行動や症状の病理を診ることは簡単である。だが，フロイトが示唆したように，すべての葉巻が男根の象徴というわけではない。問題を解決するために心理療法に来るがゆえに，クライエントも心理療法家も視野狭窄に陥り，人生の肯定的な側面を見ることを忘れてしまうことがよくある。もしクライエントが，長期にわたって不安や抑うつやトラウマと格闘してきたなら，自分自身の人生における人も成果も良かったことも，見失ってしまうかもしれない。

　診断し，病理を扱う際には，すべてのクライエントが少なくとも一つは強みを持っていることを忘れないこと。その強みが音楽の才能であれ，ペットへの愛情であれ，バイクに情熱を燃やすことであれ，自尊心を高めたり意欲を起こさせたりするかもしれない。ライオンを自然の生息地で見たいとか，「あなたは絶対大物にはなれない」と言った高校のスクールカウンセラーを見返したいとかいう望みは，新たな課題に取り組み，新たな行動を呼び起こす梃子（てこ）として利用できる。

　資質と強みを描いてみると，あなたが焦点を合わせようとしている問題を，広い視野から見られるようになるだろう。ただし，これは細心の注意を払って行う必要があることも，肝に銘じてほしい。さもなければ，あなたがクライエントの問題を深刻に受け止めておらず，彼らのネガティブな感情を避けたがっていると，クライエントに思われる危険性が生じる。もし，あなたが彼らの苦しみを不快に感じて，「明るい側面だけを見る」または「気を落とさず頑張る」と，彼らに伝わるような方向に治療の舵を切ろうとしているのであれば，クライエントの言うことが実際に当たっていることになるのだ。この警告を念頭に置いて，「問題」に対する注目と「強み」に対する注目のバランスをとるようにしてほしい。

　（時には迷惑かもしれないくらいに）クライエントに自分の強みを言ってもらうよう勧めることで，肯定的な結果が得られ，私は数えきれないほど嬉しい驚きを経験してきた。クライエントの過去の成果，好意的な関係，興味，趣味，情熱を見直すように勧めると，実際に彼らの気分が高まることが分かっ

た。治療過程のなるべく早い時期に，クライエントを興味のある活動に再び
つなげることで，面接中に焦点を当てていることへの感受性も高めることが
できる。人は悲しみや罪悪感を感じると，しばしばポジティブな経験を自分
自身から奪ってしまう。もし，あなたがポジティブな経験を治療の一環とし
て指示すれば，彼らの罪悪感が減り，「治療者の指示だから」という理由で，
楽しむことを正当だと感じるようになるだろう。

第5章 思い込みに気をつけて

無限なものが二つある。宇宙と人間の愚かさである。
— アルバート・アインシュタイン

　心理療法のたびに，私たちは，無知であることや，分からないままに実践しなければならないことを，数えきれないほど体験する。それぞれのクライエントには，生育歴，一連の経験，言葉の使い方があり，それらは治療関係が深まり成長するにつれて，徐々に分かってくる。初心の心理療法家は，経験不足のせいで自信がなく，しばしば無知であることを隠そうとし，無能と思われることを恐れて重要な質問をしない。しかし，無知を認めること，誠実な質問，クライエントについて学びたいと強く思うことは，ほとんどの場合，無能さではなく，クライエントへの関心や思いやりとして体験される。そう気づくことは，あなたの助けになるだろう。クライエントについての思い込みは，無意識的な反射でやったことであろうと，冷静でいようとする試みであろうと，私たちを非生産的で危険な道に引き込む可能性がある。私の指導者の一人は，思い込みの危険性を考えるために，思い込み（assume）を "ASSume" と綴った。思い込みは，確かに自分が馬鹿（ass）を見ることである。例として思い浮かぶのは，私とクライエントがある言葉に対して同じ定義をしていると，私が思い込んだ場合である。クライエントから「1 杯」飲んだと言われたとき，私の頭に浮かぶイメージは，缶ビールやグラスワイン，あるいはバーで出されるような大きさの酒の入った飲み物である。しかし，あるクライエントにとっては 1 杯がワインボトル 2 本を指し，別のクライエントにとってはウォッカ 1 リットルを指すことを知った。アルコールの摂取量に関しては，かなり具体的に質問しなければならないと学んだ。
　私の初心の頃のクライエントの一人は，若い男子大学生であった。彼の母

親は息子が飲酒をコントロールできなくなっていると感じて，心理療法に連れてきた。ジョーは1日に12本くらいの缶ビールを飲んでいた。昼食に数本飲み，残りを夜に飲んでいた。彼は無関心でやる気がなく，成績も悪く，二日酔いと無気力のせいで授業を休んでいた。友人への関心もなくなり，家族行事にもめったに参加せず，アパートに1人で過ごすようになっていた。ジョーの場合，父親との関係に問題があることや，他の悪い家族力動のせいで，問題が複雑になっていた。心理療法が始まって約1年した頃，彼は禁酒に成功し，いくつかある家族の問題をワークスルー（work through）^{訳注†1}することができた。それにもかかわらず，いまだに物事に無関心で，意欲がわかないようだった。

　忘れられないセッションがある。そのセッションの終わり間近に，ジョーは気分が良くなり，自分の成長を振り返った。彼はカウチに横たわりながら誇らしげに，「ねぇ先生，もうお酒を飲まなくて良いなんて最高だよ。先生とマリファナなしでは，とてもこうはいかなかったよ」と言った。私は，この言葉を決して忘れないだろう。私は目を見開き，「マリファナ？」と聞き返した。どうやら，飲酒量を減らすかわりに，マリファナの量を増やして補っていたらしい。私は唖然とした。マリファナについては尋ねたことがなかったのだ！　ジョーの母親は，息子が飲酒の問題を抱えていると言っていたので，私はそこに注目していた。こんな思い込みをしてしまった私の気持ちは，あなたにも想像できるだろう。どうやらこうしたミスは，私だけではないようである。同僚の分析家は，15年間精神分析をしていたクライエントが，アルコール依存症であることを一度も話さなかったと語ってくれた。なぜか？　同僚が質問しなかったからである。

　素朴な質問をするだけでは十分でないことが多く，話されたことが常に真実であるとは限らないことを，覚えておくと良い。人は恥ずかしいと思って

---

†1　「ワークスルー」（「徹底操作」「反芻処理」と訳されることもある）とは，精神分析用語で，ある心理的テーマについて，抵抗を自覚した後にも，知的理解にとどまらず体験的に実感するまで，そのテーマを繰り返し取り上げて話し合うことをいう。

いることを忘れたり，過小評価したりし，気分が良くなることを過大評価し
たり，誇張したりする傾向がある。男性は性交渉の相手の数を過大評価する
傾向があるのに対して，女性はまったく逆である。時々クライエントは，容
易に嘘をついたり，作り話をしたり，極めて重要な情報を言いそびれたりす
る。私たちは支持的であろうとして，クライエントの発言を受け入れがちで
ある。その意図は良いかもしれないが，悲惨な結果になることもあるのだ。

　子どものしつけも，具体的に質問することが重要である。手で叩く，尻を
叩く，叱責，タイムアウト^{訳注†2}という言葉は，子どもを殴る，火傷を負わ
せる，蹴る，押し入れに閉じ込めることの，遠回しな表現として使われてき
た。しかし，その言葉が表していること自体が問題であるだけでなく，大人
が子どもにそのような身の毛もよだつ仕打ちをしていると聞くことに対し
て，私たちに抵抗があることも問題となる。だから私は，「質問しなければ
話してくれない」と頭の中で言い聞かせ，勇気を奮い起こして，子どものし
つけの詳細について質問するようにしている。

　ある男性クライエントは，子どものしつけを「子どもの時計をリセットす
る」と表現した。私は，彼が子どもと話し合って，子どもの態度や行動を変
化させていると，思い込んでいた。彼がこの言葉を何度か使ったので，何食
わぬ顔でその意味を聞いてみた。すると，子どもの時計をリセットすること
とは，子どもにこっそり近づき，子どもの頭の側面を意識を失うほど（ある
いは失いかけるほど）強く，木で叩くことだと分かった。彼によると，子ど
もの考えと行動をより良い方向へと「再教育した」のだった。私が驚いたの
で，彼も驚いた。彼が後に，「僕が結局どんなに良い大人になったか，見て
くれよ」と語ったように，やはり，これは彼の父親が彼を教育したやり方だっ
たのだ。私が児童虐待の通告書を提出しなければならないと言ったら，彼は
さらに驚いていた。

---

†2　アメリカでよく行われるしつけの方法。子どもが悪いことをしたときに，部屋の隅
　　に座らせるなどして短時間1人にし，落ち着いたところで，1人にさせられた理由を
　　子どもに尋ねる。こうすることで，親子ともが感情的にならないとされている。

常に思い込みが疑われ，詳細に調べるべき領域を，以下に挙げる。

- アルコールと薬物の使用
- 性行動，特に児童・青年の性行動
- 実際のしつけ
- カルテや医療記録に記載された過去の診断
- 文化的・宗教的な価値観と信念

　思い込みは，多くの場合，逆転移に基づいている。私たちは，真実を知りたくないのかもしれないし，あるいは，潜在的で不快な問題を明確化しようとして，クライエントを怒らせることを過度に恐れているのかもしれない。それゆえ，質問するには，私たち自身の中で嫌な感情を体験する勇気と，クライエントが嫌がることに耐える勇気が必要である。

文化的思い込みと宗教的思い込み

　思い込みによって特に危機的な状況が生じるのは，異文化圏出身の人との心理療法においてである。感情，行動，信念，個性の意味，個人情報を打ち明けることの重大さは，文化によって多様である。心理療法で起こりうる以下の問題を，よく考えてほしい。

- 娘は，結婚前に家族から離れるものだろうか。
- 妻は，義母からの嫌がらせを，どれほど我慢するものだろうか。
- 出稼ぎ労働者の息子は，大学の奨学金を受け取るものだろうか。
- 母と息子の関係は，どれくらい親密なのが健康的なのだろうか。
- 私たちは，保守的な宗教的信念を持つ家の青年と，性行動についてどのように話し合うとよいのだろうか。
- クライエントは中絶すべきだろうか，それとも妊娠を継続すべきだろうか。

　これらはすべて，膨大な情報収集，感受性，思いやりを必要とする心理療法家にとって，油断ならない状況である。「クライエント中心」のアプローチを忘れ，無意識のうちにあなた自身の価値観や信念を主張するのは，あまりにもたやすい。若者は大学に通うべきであり，誰もが虐待を我慢すべきでなく，青年は性的関心を自由に探求するべきであることは，あなたには分かりきったことかもしれないが，クライエントとその家族はまったく異なる信念を持っているかもしれない。訓練初期に，キムという 20 代前半の韓国人女性が，抑うつ，不安，極度の疲労といった症状に悩み，心理療法を受けに来た。彼女は，学校で悪い成績であること，「優秀な」兄弟と比較して出来損ないのように感じていること，男性に魅力を感じないことに悩んでいた。キムは 6 人きょうだいの末っ子で，両親，5 人の男兄弟，母方祖父母，叔父と叔母を含む拡大家族の中で，唯一の若い女性であった。両親は家業で長時間働き，男兄弟は全員大学生であった。

　彼女の日常生活を知るにしたがって，彼女が毎日大学に通いながら，同時に家事や料理のほとんどをするように期待されていることが分かり，私は驚いた。年齢と性別のせいで，彼女は家族全員の思うままに使われていたのだ。彼女はすべてをこなしていたにもかかわらず，成績が完璧とは言えないことや独身であることで非難されていた。また，彼女が社交的なイベントに招待されたりデートに誘われたりすると，家族は彼女に新たな責任を負わせ，彼女が社会に出ようとするのを妨げているように見えた。

　知れば知るほど，私は動揺した。彼女がこのような扱いを黙認していることで，私はもどかしさと怒りを感じた。そういった感じが強くなればなるほど，この事例をスーパーバイザーと話し合わなくなった。これほど強い感情があったからこそ，自分のしていることを正確に理解しているという自信があったからだ。私は，キムの家に行き，もっと配慮と尊敬の念を持ってキムと接するようにと，家族全員に怒鳴りつけることを想像した。シンデレラをクライエントにしたようなものだが，2 人の悪意ある義姉の代わりに，彼女には奴隷のように仕えることを期待する 11 人もの家族がいた。私は，キム

が監禁状態から脱出し，自らを成長させることができるような，自立した生活を送れるように手助けしたくなった。

　しかし，キムが心理療法に通った2ヵ月の間，私がしたことは何もかも間違っていた。私は彼女に，家族の言うことを拒否し，課せられた多くの責任を断り，自分自身のアパートを探すように勧めた。その後，彼女が自立するためにしていることを問うと，彼女は躊躇しながら家族に数回言ってみたが，結果として家族を怒らせ，彼女のやることがさらに増えただけだったと説明した。私はこれを無視して，家に帰ってもう一度やってみるように勧めた。当然ながら，彼女は心理療法を中断した。

　私は，彼女が必要としていた理解や慰めを伝えることはせず，そのうえ，不可能なことを要求するもう一人の権威者になっていた。さらに悪いことに，私は，彼女の家族や文化に対して，まったく不適切な提案をしていたのである。また，彼女は私に対する尊敬の念が強すぎて，私が彼女を手助けする方法を分かっていないと，私に言えなかった。そう言うかわりに，彼女は心理療法を中断したのである。おそらく，心理療法には彼女の助けになることは何もない，という結論に至ったのだろう。

　では，私は何をすべきだったのか。この状況でより良い結果を得るためには，たくさんの方法があった。一つ目は，私の強い感情を，自分が逆転移反応を起こしていた証拠として受け止め続けることだろう。スーパービジョンでキムについて話さないのではなく，もっと彼女のことを話し合うべきであった。二つ目は，キムに家族や文化的な信念について時間をかけて教えてもらい，どのような介入が文化的に適切であるかを学ぶために，キムの文化的背景を知る心理療法家に助言を求めるべきであった。三つ目は，キムが心理療法を受けに来るのがどれほどつらかったかだけでなく，どうして権威者としての私を喜ばせる必要があったのかについても，理解すべきであった。キムに私の逆転移を押しつけることで，私は彼女を手助けする機会を逃しただけでなく，彼女に心理療法を受ける前よりも，孤独で無力だと感じさせてしまったのだ。20年経った今でも，私はまだ彼女のことを考え，もっとう

まくやれたらよかったのにと思う。

　キムとの心理療法から学んだいくつかのポイントを，以下に挙げる。

- 強い感情は，逆転移を示している可能性がある。
- スーパービジョンで（心理療法でも），クライエントについての感じを話し合うべきである。
- クライエントの問題と葛藤が，あなた自身の問題や葛藤とどのように関連しているかを考えるべきである。
- クライエントの文化に関するあなたの思い込みや偏見を，精査するべきである。

誰も文化の専門家ではない

　誰も，文化の専門家ではない。文化というものは，文化内のサブグループと同様，経済的地位，教育，文化変容[訳注†3] の程度によって，大きく異なる。さらに，各家族は，独自の方法で幅広い文化を具現化し，それは子どもたちにさまざまな形で伝わっていく。あなたがどんなに特定の文化を知っていたとしても，各個人の文化の具現化については，その心理療法の中で理解する必要がある。

　幸いなことに，私たちに責任はない。文化を習得するには，極めなければならない知識があまりにも多すぎるからである。私たちにできることは，文化的感性を身につけ，ケース・マネジメント，診断，治療の過程において，文化の潜在的重要性に常に気づいていることである。文化の違いは，週末のセミナーで学ぶ決まり文句に還元できるようなものではない。異文化出身の人との交流は，自分の無知を受け入れ，分からないというスタンスを実践する，絶好の機会である。分からないスタンスを実践する際には，以下のポイントに留意してほしい。

---

†3　ある文化がそれ以外の文化と接触することで変化する過程とその結果。文化人類学の用語。

●あなたの思い込みや偏見を意識すること。

●それらをリストアップし，同僚と話し合うこと。

●自分は無知であり，文化を学ぶ必要があると，心に決めること。

●クライエントの文化を教えてくれるように，彼らに頼むこと。

●クライエントの考えをその文化の視点からとらえるために，心理療法家であってもなくても良いので，その文化圏出身の人に助言を求めること。

●あなたの診断，ケース・マネジメント，治療計画について，文化面で適切に調和させることを目指して，評価すること。

●あなたが知識を広げるのに伴って，心理療法を変化・適合させることに心を開き続けること。

　私たち心理療法家は，何か間違ったことを言ったり，攻撃的になったりしてしまうことを恐れるので，「道徳的に正しい」ことをめぐって不安があり，繊細な文化的問題を話し合うことを躊躇してしまう。話し合いを躊躇することは，無意識的な思い込みへの対処法としては，最悪である。言葉や話し合いがなければ，思考と感情は無意識に深く留まったままになる。もし私たちが話し合わないままでいるなら，日常生活の文化的な障壁を治療関係に持ち込む危険性がある。文化の違いにおいては，開かれた態度でありすぎて失敗するほうが，そうでないよりましであるし，もしあなたの無知のせいでクライエントの気分を害することがあれば，謝るつもりでいるべきである。

　すべてのことを文化の違いとしてまとめることはできない。なぜなら，心理的苦闘と精神疾患には，文化の境界がないからである。どんな文化的，民族的，宗教的な背景であっても，人は感情をかき乱されることがある。その混乱は，私たちが慣れていることとは異なったふうに，見えたり聞こえたりしているだけのことかもしれない。その一方で，文化の違いを精神疾患と誤解しないことも重要である。異なった宗教を信仰する人は，超常現象や神に関する考え方，他界した親族との関わり方を理由に，精神障害者と思われる

かもしれない。抵抗のように思えるものは，何世紀にもわたる偏見と迫害に基づいた不信感かもしれない。道徳的・倫理的な基準が「普通でない」人は，彼ら特有の人生経験を注意深く確認するまでは，精神的に欠陥があると思われるかもしれない。

☐ 偏見はどこにでもある

　偏見はどこにでもあり，明らかなものと非常に分かりにくいものがある。さらに，集団間だけでなく，集団内においても同じように偏見は存在する。私は，心理療法家自身と同じ宗教や人種のクライエントに対する歪んだ認知と逆転移があって，それに非常に影響されやすい心理療法家たちと，仕事をしたことがある。これらの問題をめぐる心理療法家の個人的経験は，治療関係にプラスとマイナスの影響を及ぼす可能性がある。同じ集団に属するクライエントと心理療法家の間に偏見は存在しないなどと，決して思わないでほしい。集団内の逆転移は，しばしば集団間の偏見よりも，感情的に一層深刻になる。

　以上のような理由から，あなたとは異なった文化を持つクライエントには，彼らの問題や心理状態に関して結論を出す前に，彼らの文化について教えてもらうとよい。また，クライエントの人生について話し合うときには，彼らの行動や症状が家族にどのように受け取られ，理解されているか，また，彼らの文化ではどのように理解されるかを質問すると良い。なぜなら，少数派の文化圏のクライエントは，誤解されることにとても慣れているため，どれくらいあなたが彼らの考えや感情と食い違っているかについて，わざわざ口にすることがないからである。

　これらの問題を掘り下げるために，以下の質問のいくつかを，クライエントに尋ねてみるとよい。

- ●あなたにとって，私の文化圏の人に理解してもらうのは，どんなふうに難しいですか。

- あなたの文化に関する私の誤解を，あなたは正そうとしますか，それとも放っておきますか。
- あなたの文化に関して，私は何を理解していて，何を見落としているように思えますか。
- 私たちの違いのせいで，あなたは私の誤解を正しにくくなっていますか。
- あなたを理解しようとする際に，私は文化を十分に考慮していますか。
- 話し合いの中や，私があなたを理解するときに，私は文化を重視しすぎていますか。

　専門家同士で共有された偏見は，時に科学になりすますことがある。19世紀に，アメリカ南部のある医師が，奴隷だけに現れる二つの精神疾患カテゴリーを作った。ドラペトマニア^{訳注†4} は奴隷の逃亡を引き起こすとされ，エチオピア知覚異常は，奴隷が自分で触れたものすべてを破壊する原因とされた。20 世紀になっても，ヒステリーは過度に感情的な女性に特有の問題であり，子宮が体内を動き回ることが原因であると考えられていた。また最近まで，同性愛は精神疾患と考えられていた。偏見とも言える診断にも，記録で裏づけられた長い歴史がある。だからこそ，私たち自身の先入観が，いかに専門的なドグマや見解を形成するかということに，よく注意する必要がある。

☐ 被疑者の羞恥心

　以前，銀行強盗容疑で誤って逮捕された，アフリカ北西部出身のアムフォという男性と心理療法をした。彼は悪い時間に悪い場所にいて逮捕され，尋問のために連行されたが，その後，謝罪とともに釈放された。この事件から

---

†4 「ドラペトマニア（逃亡奴隷精神病）」とは，奴隷が隷属する義務から逃げ出そうとする黒人特有の精神病と考えられ，その治療として鞭打ちが行われた。もちろん，現在では病気とは考えられていない。

しばらくして，彼は極度の羞恥心と罪悪感を抱き，自殺さえも考えた。一見，警察との揉めごとからくるストレスが，重症のうつ病や精神病性反応の引き金になったように思われた。しかし，私自身の経験と見方からすると，無実の罪を着せられて不当に拘置されることで，このような深刻な心理的反応を引き起こすとは想像できなかった。私が最初に思ったことは，腕利きの弁護士を雇い，金銭の示談で終わらせることだった。私自身がアムフォの民事訴訟の代理人になることは，控えるしかなかった。

　アムフォのことが理解できるようになるまでの間，私は，彼の祖国について教えてくれるようにお願いした。彼は，私がそこに興味を持ったことを，とても喜んだ。彼の家，家族，伝統について話すことは，彼の気分を明るくし，それ自体が治療的に思われた。私への教育の一環として，アムフォは祖国のある男の話をしてくれた。その男は，路上市場で卵を1個盗んだと間違って訴えられたせいで，自殺したのだった。私は，彼の文化では，自意識と評判は切っても切り離せないものであると学んだ。いったん評判が汚されると，それが正しくても間違っていても，その人は「影の人」，つまり家族，村，先祖に恥をもたらす亡霊のようなものになってしまうのだ。アムフォが精神的に打ちのめされた理由を十分に理解するには，私にはかなり時間がかかったが，アムフォにとって逮捕されたことは，個人的にも社会的にも生存を脅かされるほどのトラウマだったのである。

　アムフォにとって警察での扱いは，まるで村人に糾弾されたような体験だったのだ。しかし，私と心理療法をするなかで，彼は，非難されることを彼個人のアイデンティティと区別することを学んだ。彼の治療の一部は，アメリカにおける人種関係の歴史をより深く学ぶことと，アフリカ系アメリカ人と彼らの体験について話し合うことであった。また，これは私たちが一緒に取り組んだ課題でもあった。私の考えでは，文化に敏感であることは，自分の無知を受け止め，良い仕事をするために必要な情報を見つけ，学んできたことを検証し続けることである。クライエントが異文化出身の場合，教えてくれるようにお願いすると，無能に思われるのではないかと心配しないよ

うにしてほしい。少数派集団に属するほとんどの人は，誤解と偏見に対処することに慣れている。あなたが無知を認めて関心を持つことは，ほとんどの場合，彼らには新鮮な空気を呼吸するかのような経験となるだろう。それは，クライエントを知りたいというあなたの強い思いと，あなたの自信の両方を示すことになるだろう。

第 II 部

クライエントを理解する

第6章 課題と方略

彼は精神を病んだ人を支えるために，集中，マインドフルネス，瞑想をし続けた。

— ヴィマラキールティ^{訳注†1}

　おめでとう！　これで，あなたは面接初期を何とか切り抜けた。それがどれだけ勇気がいることか，私も身に覚えがある。だから，自分自身のことを大いに褒めてあげてほしい。最も恐ろしい部分は終わった！　では，次の作業に取り掛かろう。重要な学びは，初期の面接後の数時間か数日の間，つまり，その経験がまだ心と身体の中で新鮮なうちに起こる。初期の面接のストレスは，実はあなたの脳を加速度的に成長させることができる。私たちが訓練初期の数カ月の間，録音した面接を聴いたり，助言を求めたりすることにできるだけ多くの時間をかけるべきなのは，そのためである。最初のスーパーバイザーが非常に重要なのも，同じ理由による。

　面接を振り返れば，いつも，もっとうまくできたかもしれないやり方を見つけ，見落としていたことが分かり，どのように困難な事態に向かって突き進んで行ったのかに，気づくことができる。自分の判断を疑うことや，決断を再考することには，あらゆる複雑な努力がついて回る。疑うことは，心が麻痺してしまうほど極端でなければ，活発に心が動いているサインであり，私たちが新しいアプローチを試し続けられるようにしてくれるだろう。自分が正しいことをしていると100％確信している心理療法家は，危険な心理療法家である。心理療法家は，確実なものを扱っているわけではなく，むしろ

---

†1　ヴィマラキールティは，日本では「維摩居士」（「居士」とは在家で悟りを求める者〈菩薩〉のこと）と呼ばれ，大乗仏教の経典の1つ『維摩経』の主人公。このエピグラフも『維摩経』からの引用であるが，本章の内容との関連性を考慮して，『維摩経』の経典としての既出の訳文は採用せず，原書から直接訳出した。「マインドフルネス」については，第14章の訳注†1を参照。

知識や経験に基づいた推測，直観，第六感といったものを扱っているのだ。あなたの自信のなさを受け入れ，心理療法は思考と感情から同じ程度に情報を与えられるアート（芸，技術）であると，心にとどめておくことが大切である。

　心理療法の面接を振り返るときには，あなたが行った正しいことを，はじめに考えるのが良い。高慢にならないようにしながら，達成できたことをリストアップするのに，少し時間を割いてほしい。それには，以下に挙げるいくつかの「私は○○したか」に答えることから始めるのがよいかもしれない。

- 私は，休息が取れていて，落ち着いており，準備が整った状態で，時間どおりに面接を始めたか。
- 私は，面接前に，関連する事例記録（カルテ）を見返したか。
- 私は，クライエントへの思いやりと関心を十分に伝えたか。
- 私は，積極的に傾聴したか。
- 私は，クライエントに自分自身を表現させ，それを妨げなかったか。
- 私は，あらゆる緊急の心配事を，適切に扱ったか。
- 私は，感情的なつながりを築いたか。

　これらの基本的な要素は，治療関係における核心であり，クライエントたちが言うには，彼らの経験するほとんどの有益な結果の要因でもある。私は，これらやその他の基本的な要素をあなたが成し遂げたことについて，あなたとスーパーバイザーの両者が，正当に評価する時間を持つことを提案したい。何が話し合われたのか，どんな技法を使用したのか，面接の根底にあるより深い感情的な意味は何なのか，そういったことに焦点を当てる前に，あなたがこれらの基本的な要素を網羅していたかをチェックすべきである。

　これらの基本的な要素をチェックすると同時に，「なぜ私は○○しなかったのか」ということにも，注意を向けなければならない。

●なぜ私は，もっと多く発言しなかったのか。

●なぜ私は，もっと少なく発言しなかったのか。

●なぜ私は，あの質問をしなかったのか。

●なぜ私は，あのことを言わなかったのか。

●なぜ私は，黙ったままでいなかったのか。

●なぜ私は，介入せずにいなかったのか。

　録音した面接を聴くと，間違いに気づきやすいのは，いつものことだ。逆に，面接中，複雑な感情に巻き込まれていると，間違いに気づくのははるかに難しい。とても経験のある心理療法家でさえ，あれで良かったのだろうか……と考えてしまうものだ。後から出てくる疑念は，自分自身を責めるために使うのではなく，むしろこの先，クライエントと共にいるための新しい方法を考えるために，使うべきである。もしあなたがすべてを知っているのなら，学校に通う必要もないのだから！

混乱の価値

　混乱しても大丈夫！　クライエントとともに混乱することと，解決策を見つけ出すために協働することは，心理療法への素晴らしいアプローチになりうるのだから。本物の協働をするためには，あなたが多少コントロールを手放す必要がある。しかし，もしあなたがすべての解決策を知っている必要があると感じているのなら，コントロールを手放すことは極めて難しいかもしれない。あなたのコントロールしたいという欲求，どのようにコントロールを維持する傾向があるのか，さらに曖昧さや混乱の中でも安心していられる程度については，あなたが個人的な関係性の中でどのように他者に応答してきたかということが，重要なヒントを与えてくれるかもしれない。友人や愛する人にこれらのことをめぐって意見を求め，彼らがあなた自身について語ることに，注意深く耳を傾けるべきである。コントロールは探索の敵，それを忘れないでほしい。

　混乱はまた，意識的な戦略としても役に立つことがある。混乱し，困惑した刑事の役割のほうが，腕利きのスパイの役割よりも，はるかに効果的である（『007』よりも『刑事コロンボ』を想像してほしい）。彼女の言っている意味が分からないと誰かに話すよりも，あなたが理解できないことを彼女に伝えるほうが，はるかに有益である。文末にあなたの声の抑揚を上げれば，彼女の言ったことを質問として返すことも簡単にできるだろう。以下のような発言も，クライエントとの間で試してみるとよい。

- 私は混乱しています。
- あなたが言っていることを理解できるように，手助けしてほしいんです。
- あなたがそう言うときは，どんな意味なのでしょうか。
- もう一度言っていただけますか。話についていけなかったので。

　頭を傾けること，眉をひそめること，混乱しているように見えることを恐れないように。クライエントが考えているに違いないことを伝えるよりも，彼をそっと自己洞察へ導くほうが，はるかに望ましい。ある種のケースで私たちがしなければならないのは，傾聴することと，混乱を共有するのを厭わないことだけである。もし，クライエントが筋の通らないことや矛盾したことを言うのなら，多くの場合，解釈に飛びつくよりも，彼らの言っていることが理解できるまで説明を求めるほうがはるかに良い。そうすれば，非論理的なことがはっきりと姿を現すかもしれず，クライエントが「自分自身が声に出して言うのを聞いたら，意味をなさないことに気づきました」というようなことを言うかもしれない。

　初心の心理療法家たちは，クライエントに何かを指摘する機会を失うことを危惧して解釈に飛びついてしまう，と私に語ってくれる。私は，（無意識のような）心理療法過程は，線形というより，むしろ円形に進むものだと感じてきた。つまり，特定の認知や感情を扱う機会を失うことを，心配する必

要はないということである。クライエントの内的世界の中核的な特徴は，彼らの人生の非常に多くの面に浸透しているため，いろいろな状況で顔を出す。もしある問題が重要なものであれば，それはいずれ再び現れる運命にある。ある問題が繰り返し現れることが分かれば，未来でも解釈できるという確信を持てるだろう。ここからは，解釈を構成する基本的な要素について，さらに議論することにしたい。

ほど良い心理療法家

　小児科医ドナルド・ウィニコットは，子どもが健康に成長していく助けとなるように，いつでも対応できて，共感的に調律でき，十分に世話をする母親のことを，「ほど良い母親」と表現した。彼が「ほど良い」という表現を使ったのは，良い母親になるのに完璧である必要はない，と言いたいためであった。彼は，親がしばしば失敗や不完全さについて感じる罪悪感に対抗するために，この概念を強調したのではないだろうか。心理療法家も，親と同じように，完璧を求める誤った戦いをする。あなたが，心理療法家として多くの間違いを犯すことは避けられない。だから，不完全さには降伏するしかないのである。むしろ，あなたがコントロールするべきことは，あなたの間違いをどのように扱うか，そしてそれをクライエントの利益に変えられるかどうかなのだ。ほとんどの間違いは，治療関係を終わらせるものではない。むしろ，治療関係の過程と成長の一部になるのである。

　少年の頃，私は熱心なチェスプレイヤーで，プロが戦略の説明をするのを聞くのが大好きだった。あるチェスの名人に勝利の秘訣について尋ねると，彼はこう答えた。「私の戦略は，柔軟であり続けること，特定の作戦にこだわりすぎないことです。そして最も重要なことは，退却しなければならないときに，より良い位置に退却することです」。私は，そのシンプルな主張の美しさと深さに，衝撃を受けた。私は，このルールを私の人生の多くの領域に応用してきたのだが，とりわけ心理療法においては直結していると言ってよい。

　私が間違いを犯したときや，クライエントが私の間違いを突きつけてきた
とき，私は反射的に防衛を強め，混乱し，いかにクライエントが間違ってい
るはずであるかを考え出そうとするだろう。私はすぐにその問題に飛びつき，
取り組みたくなるはずだ。このあまりにも人間らしい反応は，避けるのが難
しい。このような感じが生じるとき，私は立ち止まり，一呼吸し，数分間沈
黙するというやり方を身につけた。これは，防衛から後退して，一歩離れて
見て，治療過程の中で何が起こっているのかを理解しようとする試みである。
そうは言っても，クライエントと感情的なつながりを保ったままでもいたい。
だから，自分の感情を制御するのではなく，傾聴し続け，柔軟であり続け，
より良い位置に後退するということを，忘れてはならないのである。

　私は最近，遺産を整理しようとしている家族と心理療法を行った。関心の
的は，親から子へ受け継がれる数千万ドルの分配であった。両親，3人の成
人した子ども，そして彼らの配偶者は皆，これをどう行うべきかについて異
なる意見を持っていた。家族力動と経済的現実を整理することは知力のいる
作業であり，私は時折，あたかも三つの舞台があるサーカスの真ん中にいる
かのような，目まぐるしい状況だと感じた。時が経つにつれ，私は彼らの
ちょっとした意見の不一致にどんどん苛立ちが募り，権威的に働きかけるよ
うになっていった。これがうまくいっていないことは分かっていたが，どう
いうわけか，私はこの役に立たないやり方で介入し続けた。

　面接と面接の間に，息子の一人が私に電話をかけてきて，家族の問題への
私の取り組み方に不満があると言った。彼は，私が彼ら全員に対して怒って
いるように見え，私が何をしているのかを考え直すべきだと言った。私は彼
に，何とかするとだけ伝え，すぐに電話を切った。私は，彼から電話があっ
たこと，そして私が家族全員に対して怒っていると彼が気づいていたことに，
腹が立った。こう感じながら座ると，私が幼い頃，父親が再婚してもう一つ
家族ができたときに感じた疎外感と，よく似た感じを思い出した。今回の遺
産の分配には関係ないにもかかわらず，この家族とともにいることで，独り
ぼっちで，経済的に不安定で，家族の外側から中を覗き見ているという，私

の中にある古い感じが刺激されていたのである。

　私の無意識が，またもや仕事に影響していたことに気づき，私は首を横に振った。私はクライエントに電話をかけ，彼が電話をくれたとき，私がひどく不愛想であったことを謝り，彼の目から見た私の振る舞いを理解するのを助けてほしいと申し出た。次の面接までの数日間，どのようにして見捨てられた子どもの役割から心理療法家の役割に戻っていくかについて，私は長い時間考え続けた。すると，この家族の中ではお金がいつも愛の代わりに用いられてきたこと，そしてこれがこの夫婦と親子の間の本質的な問題であることが見えてきた。私は遺産についての話し合いをいったん保留にして，水面下にある感情的な問題に取り組むことを提案した。私は再び，心理療法家らしくなった気がした。

　以下は，私が間違いを犯したことに直面して，混乱し，防衛的な感じになったときに，思い出すようにしていることである。

　一番大切なことは，間違いを犯すのが人間だと，覚えておくことである。

- できる限り防衛的でない態度で，傾聴しようと試みること。
- あなたの間違いについて，クライエントが経験したことから学ぼうと試みること。
- あなたについてのクライエントの経験を，クライエントの歴史の文脈の中に位置づけること。
- あなた自身に関係する逆転移の問題を検討すること。
- 「どのようにクライエントが正しいのか」と，あなた自身に問いかけること。
- あなたの振る舞いがクライエントに及ぼした悪影響に対しては，誠実に謝罪すること。

　チェスであれ，心理療法であれ，予測できなかった事態が起こったとしよう。もし，あなたが間違いに気をとられて不安になり，中心的なことから外

れてしまったら，あなたは思いやりや良い臨床的判断からではなく，不安や怒りから反応することになるだろう。それは，チェスであれば，さらに危険なところに駒を置いて，最初の過ちを悪化させることを意味する。心理療法であれば，あなたの間違いによってクライエントとの間に距離を作るうえに，はねつけたり対立的になったりすることで，さらに，その距離を拡げてしまうことを意味する。つまり，あなたの防衛はクライエントの防衛を強めるだけであり，結果として，関係性を台無しにしてその進展を妨げるような，分離の悪循環をもたらすことになるだろう。

　あなたの目標は，正しくあることではない。そうではなく，クライエントが心理学的に健康な方向に変化するように，手助けすることである。正しくあることは，ケアし，共感し，助けになることに比べれば，ほとんど重要ではない。どのクライエントの防衛も，理解され，正当に評価される必要がある。なぜなら，防衛こそが，クライエントが生き延びるのを助けてきたからである。クライエントが何とか切り抜けてきたことについては，その強さと勇敢さに敬意を払わなければならない。防衛を用いる理由をあなたが正当に評価しているとクライエントが感じれば，彼はより進んで別のあり方を模索するだろう。クライエントにあなたの思う課題を受け入れさせることや，あなたの視点から物事を見させることに，固執しないように気をつけなければならない。あなたの課題よりも，クライエントの方が大切なのである。あなたの意見や解釈や提案を手放し，クライエントがどこへあなたを導く必要があるのかに，進んで関心を向けるようにするべきである。あなたが課題を押し付けようとすればするほど，クライエントはより強く抵抗するだろう。

　私は時々，私の言動に対するクライエントの強い感情的な反応に，驚かされることがある。たいていの場合，私はすぐに防衛的な反応をしてしまい，点検が必要になる。その次のステップは，クライエントによって経験させられ教えられたことを，できる限り明らかにすることである。もし，私が自分の防衛を適切に扱うことができなければ，クライエントに対して異議を唱え，論争し，自分の立場に固執してしまう危険性がある。あなた自身の感情より

もクライエントのニーズを選択することは，治療関係において重要な契機となる。なぜなら，これが，あなたの技術と賢明さと思いやりを示す機会になるのだから。

　もし，あなた自身がクライエントに異議を唱えていることに気づいたら，それはもうすでに道に迷っているということである。心理的防衛は，攻撃を受けると強くなることを思い出してほしい。そうなったら，一度立ち止まり，方略を考え直すしかない。早急にクライエントの視点にシフトし，さらに可能な限り早急に，どのようにクライエントが正しいのかを理解しようと試みなくてはならない。

　　私はクライエントに，次のように言うことはほとんどない。
　　　●あなたは，抵抗していると思います。
　　　●あなたは，自分を偽っている。
　　　●あなたは，真実に触れることができていません！

　　そうは言わずに，次のように言う。
　　　●すみません，私が誤解していました。
　　　●あなたがそれをどのように理解しているか，教えてもらえませんか。
　　　●今までで，あなたが役に立ったと思ったことは何ですか。

　クライエントの視点で彼らとつながり，クライエントがなぜそう考えたのかを見失っていたことを謝罪し，その状況についての見立てを再考するべきである。彼らがいかに心理療法を必要としているのかをめぐって，彼らがあなたに伝えるべきことは何なのか，よく考えてほしい。その一方で，用心しなければならないこともある。反発することによっても従うことによっても，抵抗することができるクライエントもいるので，従順なクライエントには注意しなければならない。クライエントが率直に反対しているときよりも，あなたに同意し，あなたがいかに賢明かと話しているように見えるときのほう

が，抵抗を予想するのが難しいことがしばしばである。

　また時には，言葉の定義の違いや誤解，あるいは他の小さなコミュニケーションのズレが，容易に明らかになることもある。40代の小説家シャロンは，友人のジョイスへの尊敬と妬みの入り混じった感じについて話していた。私は，彼女が私に語っていると思うことを伝え返すことで彼女に応じ，それで彼女を理解したと確信していた。しかし，シャロンのくつろいだ表情は，怒りへ，そして憤怒へと劇的に変わっていった。ついに，彼女は「よくも私のことを嫉妬しているなんて言ったわね！」と叫んだ。彼女は腕を組んだまま，黙って座り，床をじっと見つめていた。彼女の向かい側に座っていると，私に怒っている彼女に対して，私自身も腹が立ってきたことに気づいた。その時間が終わるまで，私たちは沈黙したまま座っていた。そして，彼女は何も言わずに立ち上がり，部屋から出て行った。

　次の約束にも，彼女は同じ様子で現れた。数分後，彼女は顔を上げ，こう尋ねた。「どうしてですか？」。私が話を続ける唯一の手がかりは，私が彼女を嫉妬していると非難した，と彼女が感じている，ということだった。「あなたが私にとても腹を立てていることは分かります」と私は返した。「そして，私にとっての唯一の手がかりは，それが嫉妬と関係があるということだけです。あなたが何を感じているのか，私が理解するのを助けていただけませんか？」。その結果，私は妬みの代わりに嫉妬という言葉を使っていたことが分かった。私にとってはその言葉を入れ替えてもさほど変わりはなかったが，シャロンにとっては，それは雲泥の差なのであった。彼女は，妬みを比較的害のない子どもじみた感情ととらえていたが，それに対して嫉妬は，神に背く罪悪ととらえていたのだった。

　さらに，私が嫉妬という言葉を用いたことで，彼女は，自分がカルト的な宗教団体にいた頃，彼女自身が価値ある人間だと思おうと悪戦苦闘していた記憶を思い起こしていた。幸いなことに，私たちがどのようにそれらの言葉を理解し，使用したかを明らかにしたことで，私たちの対立は解消した。シャロンの最初の行動に感情的に反応して，私自身の発言の真意を弁明しようと

したり，二つの言葉の意味を説明するのに辞書を引っ張り出したりしなくて，本当に良かったと思う。

□ 良い間違いにする

　どんな間違いにも，良い間違いにするチャンスがある。それはすべて，あなたがどう対処するか次第だ。良い間違いは，以下のような多くのチャンスを与えてくれる。

- クライエントを怒らせたり傷つけたりするようなあなたの言動に対して，クライエントがどう反応するかを知ることによって，理解を深めるチャンス。
- クライエントの知覚と感情をあなたが受け入れることと，あなたが自分の行動の責任を引き受ける能力を通じて，クライエントとのつながりを深めるチャンス。
- 権威ある人ではあるが，クライエントを犠牲にしてまで常に正しくある必要はない人を，経験できるチャンス。
- クライエントが継続的な関係性の中で決裂と修復の循環を経験できるような，対人関係の文脈を創造するチャンス。

　最後のポイントは，特に重要である。ほとんどのクライエントが，決裂するだけで，修復されることのない関係を経験してきたからだ。その多くは，親自身の間違いや欠点を認めることができず，何としてでもすべてのことを他人のせいにしなければならない親に育てられている。このことは，悪い方向へ進むことはすべて子ども自身の欠点の結果であると，その子どもに語る。恥と孤立感と怒りは，こうした状況に対するごく普通の反応である。だからこそ，治療関係における問題の責任をあなたが引き受けることによって，治癒への道を提供することができるのである。そのためにあなたがやれることは，問題を乗り越える意欲を示し，その問題に関心を持ち続け，途切れてし

まった関係を修復するために，念入りに作業することである。ただし，この作業には，忍耐強さと，技術と，今動いている感情を利用できる能力が必要である。私は，間違いを良い間違いにすることは，自分の成熟度が試されることであり，より良い心理療法にしていく機会だと，自分自身に言い聞かせている。何年も前，私は忘れられない間違いを犯した。それは私に，自身の感情状態について細心の注意を一貫して払うことが，極めて重要であると教えてくれた。ある日，私が車でオフィスに向かっている途中，信号待ちで，4 人の年配の女性が乗った車の後ろに停車した。彼女たちは生き生きとして会話に夢中になっており，楽しそうに笑顔を浮かべているように見えたのを，私は覚えている。ところが，信号が変わり，その車が交差点に進入すると，スピードを出した車が横からぶつかってきた。私は後になって，銀行強盗があったことと，その車が逃走車両であったことを知った。私の前にいた女性たちは，小さな車が文字どおり真っ二つになるほどの猛スピードで衝突された。その女性のうちの 2 人が車道に投げ出されるのを，私は呆然とするほどの恐怖をもって眺めていた。

　ほとんどの人は 2 人の強盗に注意を向けていたが，私の目は道路にうつ伏せになった女性の 1 人に釘づけになっていた。私が注意して見ていると，彼女はじっと横たわっていたが，少し動いた後，また動かなくなった。しばらくして，誰かが彼女の元に行き，毛布をかけた。私はその遺体を凝視したまま，車に乗っていた。私の頭の中には，彼女たちが亡くなる前におしゃべりをしていたときのイメージがあふれていた。私はまた，もし強盗が数秒後に交差点を通っていたら，自分が彼女の立場になったかもしれない，ということにも気がついた。

　ようやくその場から離れることが許されたので，私はオフィスに行き，事務仕事をこなし，クライエントに会うといった，いつもどおりの一日を過ごした。その経験を誰かに話す機会がなかったため，私は忙しくすることで自分の動揺や恐怖に対処した。その日の最後は，とても難しいクライエントとの面接だった。彼は繊細で敵意に満ちており，配慮の行き届いた思いやりと

忍耐を持って対応しなければならなかったが，その夜，私はそれを提供できなかった。

　私は，彼の自己愛的な症状は，早期幼少期の見捨てられ体験と共感不全の結果だろうと疑っていた。私のいつものアプローチは，治療同盟を築き，早期の喪失体験のワークスルーを手助けするために，これらのネガティブな感情とつながり続け，支持的であり続けることであった。彼の感情の爆発が，他者との関係をしばしば妨げていたので，彼は他者とのポジティブなつながりを作り出し維持する方法を学ぶことを，必死に求めていた。この日の面接では，見立ても治療計画も頼りにならなかった。私は彼の権利意識と敵意を，狭量で自己中心的なものだと，感じていた。彼が過大な特権を持つ生活の中で起きた小さな落胆を訴えている間，私の心はあの事故に引き戻されてばかりいた。私のいつもの彼への治療スタンスは，敵意と無神経さに取って代わられてしまっていた。

　面接が進むにつれて，彼は私の短気さと理解できなさ（それは彼の人生の中で，ほとんどすべての人から経験したことであった）に，苛立ち始めた。面接が終わる頃には彼は非常に怒っており，来週は来るかどうか分からない，と私に話した。彼がオフィスを去るとき，私は彼が二度と戻ってこないことを密かに望みながら，次回の面接でそれについて話すことを提案した。彼がホールまで歩いていくのを見ながら，私はオフィスに立ち，ぶつぶつと文句をつぶやいていた。

　その夜遅く，友人が私にその日のことを尋ねた。私は，例の事故のことを思い出す前に，さまざまな細かい出来事から話し始めた。それを彼女に説明していたら，私は自分の心の中にどっと流れ込んできた恐ろしいイメージに圧倒されて，泣き出してしまった。私は彼女に，あの女性たちをどれほど気の毒に思ったか，死がいかに身近なところまで迫ってきたかを話した。その感じを言葉にしてみて，どれだけ自分の身体が硬くなっており，心も痛手を負っていたのかに，ようやく気がついた。そうなってはじめて，私はあの面接について，動揺し解離した自分の感情状態を踏まえて考えることができた。

私は，このような精神状態で彼を見ることによって，明らかに間違いを犯していた。ここで問題となったのは，私にこれを良い間違いに変えようとする意志があるのか，そうすることができるのか，ということだった。

　翌日私は，彼に電話をしてその面接について話し合うかどうかを，じっくりと考えた。私は，すぐに電話をすることと翌週の面接まで待つことの価値を，天秤にかけてみた。私たちが2人とも，1週間ずっとネガティブな感情を持ったままでいることを考えるとどんどん気詰まりになり，そうなるほど，電話をするのが最善策だろうと，より強く確信するようになった。そこで私は，その日の午後，彼に連絡を取り，前日の面接の前にあった私の経験を彼に少し話した。私は彼に，今ならその面接をキャンセルすれば良かったと思うが，そのときの私は，事故によって自分がどれほど混乱したままだったのかに気づいていなかった，と伝えた。彼の反応は非常に敵意に満ちたものだった。なぜ私は十分に自分の感情を理解していないことに気づかず，自分の問題を彼にぶつけてしまったのだろうか。彼は100％正しい。私が彼にそう伝えると，彼は，私たちのいつもの約束の時間に，このことについてさらに話し合うことに同意してくれた。

　最終的には，私はその日の自分の間違った行動と，クライエントが家族や友人との関係の中で犯してきた間違いとを，結びつけることができた。つまり，私の怒りっぽさは，彼が自分の感情状態を観察する際のモデルになり，彼の傷ついた感じは，彼の感情状態が他者に与える影響のモデルになり，私の謝罪は，彼が他者の気持ちを傷つけたら謝ることができるというモデルになったのである。こうして，対人関係においては，間違いを犯し，謝罪をし，癒しが許される余地が必要だということが，彼に分かるようになった。私たちは，お互いの価値を守り通したのである。

　自我が脆弱であったり，恥の感情を避ける必要があったりするために，自分が間違ったときにそれを認める力は，人によって差がある。それだけに，誠実に心から謝罪を受けることは，本当にまれな経験である。実際にそれが起きると，防衛は弱まって，私たちは互いをより親密に感じ，より信頼しあ

えるようになるだろう。謝罪は，治療的なものになりうるのである。

投影仮説

　ブラックホールは，信じられないほどの密度と重力で潰された星である。実際にその重力は，光さえ逃がさないほど強い。だから，ブラックホールを見た人は誰一人としていないが，それが周りの星々や惑星そして宇宙空間にまで及ぼす影響によって，私たちにはその存在が分かっている。無意識は，目に見えない形で私たちの言葉や，考えや，行いに影響を与えるという意味で，ブラックホールにとてもよく似ている。

　天文学者は，恒星や惑星や彗星を，じっと見つめる。心理療法家は，何が語られ，何が語られていないのかに注意深く耳を傾けながら，行動や感情や考えを探索する。心理療法家は，事実の歪曲，言動の不一致，心理学的な症状の起源と影響などについて検討することで，その人の無意識を詳しく調べていく。フロイトの投影仮説は，私たちの脳が世界での経験を無意識的に組織化する過程を，説明している。また，曖昧な刺激（たとえば，インクの染みや，知り合ったばかりの人）に対する知覚や理解の仕方も，無意識過程を知る手がかりを与えてくれる。心理療法家はさまざまな形で投影仮説を用いる。クライエントに個人的な情報をあまり与えないことで，あなた自身がインクの染みのようなものになることもできる。クライエントが私たちに感情や考えを投影できるよう，私たちはできるだけこの「中立的な立場」を維持しようとする。転移と呼ばれるこの形の投影によって，クライエントはより早期からの関係性の中で抱いていた感情や期待を，治療関係の中で経験することになる。発達早期の関係性での学習は普通，意識的な記憶が形成される前に確立されるので，転移が，さもなければ隠されたままだったものと，無意識的な学習に接近することを可能にする。転移を通して，発達早期の関係性における葛藤が心理療法の中に持ち込まれ，それに直接取り組むことができる。転移を呼び起こし探索することは，心理療法を成功に導く鍵となる部分だと言えるだろう。

　心理療法家として，私たちはしばしば，クライエントの質問に答えるよりも，その質問の動機や想定されている答えを見つけ出すほうに関心を向ける。クライエントからの「私の問題を聴くのはうんざりしますか？」とか，「先生は心理療法をやめたがっているように思いますが」といった問いかけには，クライエントの無意識に関する豊かな情報が含まれている。そのような気持ちはないとクライエントに保証することも大切だが，あなたはまず，こうした考えや気持ちを探索したいと思うだろう。もし，あなたがあくびをしたり，気が散ったりしていたら，たぶんとてもうんざりしているように見えるだろう。しかし多くの場合，これらの発言は，クライエントの過去の経験や自己イメージを反映しており，どちらも探索するにふさわしい肥沃な大地なのである。

　転移は投影の一種であり，そこでは以前の重要な関係性からくる感情が，心理療法家に対するクライエントの知覚に影響する。転移はさまざまな形で姿を現す。以下はその例である。

- 父親に支配されていたクライエントは，あなたに，どの職に就くべきか，どの車を買うべきか，あるいは何を着るべきかといった，具体的な助言を求めるかもしれない。
- 子どもの頃に虐待されていた女性は，臆病で，怖がりで，あなたの視線を避け，面接が終わるのを切望しているように見えるかもしれない。
- 受け入れられるために，周りのすべての人の世話をしてこなければならなかった男性は，あなたに贈り物をし，健康について尋ね，もしあなたが面接を休む必要があっても，全面的に理解していると請け合おうとするかもしれない。

　投影法検査は，無意識の素材を気づかないままにしておくように働いているクライエントの防衛を，うまく回避するためのもう一つのツールである。ロールシャッハ・テスト，主題統覚検査（TAT），文章完成法（SCT）といっ

た検査は，曖昧または不完全な刺激をクライエントに提示して，クライエントがどのようにその素材を構成するかを明らかにする。

　私は，マシューという男の子に心理検査を行った。彼は，小学校3年生の初めまでは学校で問題なく過ごしていたが，それ以降，注意力と集中力と成績が急に下がったのだった。マシューは友達とスポーツするのをやめ，引きこもり，肥満と言えるほど体重も増えた。広範囲に調べても基礎的な身体疾患は見つからず，これといった要因や感情障害の家族歴もないのに重篤なうつ病のように見える状態に，皆が困ってしまった。彼の唯一の生活状況の変化は，夏が過ぎた頃に，彼の母親の恋人がマシューと母親の元に引っ越してきたことだった。

　マシューの担任は，彼の顔や首にあざがあることに気づいていたが，荒っぽい遊びでできたものだと思い込んでいた。担任と母親が情報共有をしはじめると，虐待の疑いが持ち上がってきた。母親は拒否していたが，彼は，心理検査で抑うつと虐待の可能性についてもっと調べるために，紹介されてきた。私との面接の間，マシューは内にこもり，気もそぞろであった。面接の終盤，私が彼に，叩かれたり傷つけられたりしたことはあるかと尋ねると，彼は「ありません」と言い，すぐに話を変えた。彼は抑うつ感や怒りも否定したが，彼のロールシャッハ・テストの反応は，強い悲しみと怒りの両方を示唆していた。

　順番がばらばらになった一連の漫画のコマのような絵を，話の筋が通るように並べ替える検査の際に，最も彼らしさを物語る瞬間が訪れた。標準的な考え方では，これは論理的推論と社会的意識の検査である。マシューは，最初の五つの課題はうまくこなした。六つ目の課題で，彼は2人の男性が出会う場面が描かれた一連の絵を手渡された。そのコマの一つでは，1人の男性がもう1人を殴っていた。これらを目にすると，彼はすぐさまその殴打の場面が描かれた絵を手に取り，歯で噛みちぎり，二つに破れたその絵を床に投げつけた。それから，彼は残りのカードを持って，破った1枚を除いて物語を作り，順に並べた。

マシューは私に，何も言わずにすべてを伝えてくれた。彼の家では，暴力が起きていたのだ。暴力のせいで，彼の人生のすべてが変わってしまっていたにもかかわらず，彼はこの情報をなかったことにして，自分の人生の物語を生きなければならなくなっていた。物語を作る課題は，彼が母親の恋人とした口止めの約束を破ることなく私に伝えるというやり方で，彼の防衛を回避したのであった。彼の虐待は，後に家族療法でも確認された。同時に彼の母親が，子育てをすることと，マシューと母親自身を虐待から守る方法を理解することが，困難であることも確認された。母親の恋人が家から出て行った後，マシューはゆっくりと回復した。そして，彼と母親は 2 人とも，心理療法を受けたのだった。

コミュニケーションの背景としての沈黙

心理療法には通常の社会的な交流でのルールに反する観点があるのだが，その基本的なものの一つが，終始沈黙を受け入れ，それを用いることである。沈黙は投影過程を強く呼び起こし，究極の真っ白なスクリーンになりうる。沈黙の中では，愛し受け入れてくれる人の腕の中にいると想像することも，屈辱の中にいることも，軽蔑の対象になることもできる。沈黙はクライエントの記憶から強い感情を呼び起こすことができるが，クライエントは必ずしもそれが形作られた歴史的な背景を覚えているとは限らない。クライエントとともに同じ部屋にいるのはあなたなのだから，クライエントは，その感情を呼び起こしたのはあなただと思い込んでいるだろう。これが，転移の投影過程である。

沈黙は，特に影響力がある。なぜなら，現代社会では，沈黙を経験する機会がほとんどないからである。人前で沈黙することは，しばしば「気まずく」なるものであり，普通は，自分たちまたはその関係性が良くないことを意味する。このように，沈黙は恥や無能さと同じものと見なされ，そのどちらも不安を喚起する。文化によっては，何時間も他者と沈黙して座っていることが珍しいことではなく，不快でもない場合もある。だから，「沈黙は，私だ

けでなく，クライエントに何を引き起こしているのだろうか」と，自問することが大切なのである。その機会があれば，どのクライエントも，沈黙が自分にとってどんな意味を持つのかを，教えてくれるはずだ。そのとき，クライエントはあなたに，彼らの無意識世界の構造についての情報も提供してくれるだろう。

　沈黙は，安全，受容，無関心，見捨てられ，あるいは罵り（ののし）として経験される可能性がある。今まで，私が沈黙を埋めないために，私に激怒したクライエントが複数いた。彼らは口々に，「いったい何のためにお金を払っていると思っているんだ。バカみたいにそこに座って，何も言わないじゃないか！」などと言った。しかし，まったく同じ行いに対して，褒めてくれるクライエントもいた。たとえば，「私が答えるまで考える時間をくれた人は，あなたが初めてです。私の夫はとてもせっかちで，すぐに立ち去ってしまいますから」とか，「私の父親は，返事をしろと，私によく怒鳴りつけました。すると，私は余計に身がすくんでしまって，黙るしかありませんでした」とか，「私たちのどちらかが話さなければならないということもなく，ここにいさせていただいて，ありがとうございました」というように。また，沈黙に耐えられないクライエントもいるが，実は，沈黙に耐えられない心理療法家もいる。もしあなたがそうならば，あなたが沈黙を埋めようとするのが，クライエントの不快感からなのか，あなた自身の不快感からなのかを明らかにすることが重要である。なぜなら，クライエントにとって今後有益になる可能性があることから，あなたのほうが退いてしまっているかもしれないからである。

　社会的条件づけや生い立ちによっては，クライエントも心理療法家も同様に，誰でも沈黙を気づまりに感じるようになりうる。クライエントと共に，ただ「いる」ことで十分であるとは言っても，心理療法家は，「何かをする」必要があるように思うと，しゃべらなければならないというプレッシャーを感じるものである。録音された自分の面接を聴くときには，自分が沈黙を埋めようとする傾向があるかどうか，確かめるとよい。もし，あなたにその傾向があるのならば，あなたの快適なレベルを超える沈黙を許容するように考

え，あなたの感じや連想を探索する必要がある。そこであなたは何を感じる
のか。沈黙をめぐってあなたを不安にさせるものは何か。あなたの原家庭で
は沈黙は何を意味するのか。次のような声は，あなた自身の内なる考えを反
映しているだろうか。

　もし私が沈黙したら……
　　●クライエントは私が無能だと思うだろう。
　　●クライエントは気が変になるか，自制心を失ってしまうだろう。
　　●私の気が変になるか，自制心を失ってしまうだろう。
　　●クライエントは私を気に入らなくなるだろう。
　　●クライエントは私をバカだと思うだろう。
　　●私は悪い心理療法家だ。
　　●叫び出したい気分だ！

　面接中に沈黙がないことを学生たちに質問すると，ほとんどの場合，彼ら
はまずはじめに，クライエントをリラックスさせるために沈黙を埋めるのだ
と言う。しかし，しばらく考えると，たいていの場合，沈黙を埋めるのは同
じように自分自身を落ち着かせるためなのだということに気づく。10〜15
秒の沈黙は，社会的な場面では永遠のように感じられるかもしれないが，心
理療法の中では必ずしも珍しいことではない。沈黙は，注意深く検討され，
十分に探索されるべき，治療上のコミュニケーションの重要な側面なのであ
る。
　もし，あなたが沈黙している時間を評価するのが難しいのであれば，次の
方法を試してみるとよい。それは，クライエントの後ろに，秒針のある時計
を置いておくことだ。一目で簡単に目に入る位置に置いておくのがよい。そ
して，自分がどのくらい沈黙し続けられるのかに注意を向け，もし5〜10
秒が長く感じられるのなら，15秒，30秒，そして1分と，慣れるにしたがっ
て，その時間を延ばしていくようにする。もし1分あるいは2分と沈黙が

続くと分かれば，言葉での接触を取り戻すために，クライエントに静かにこう尋ねたくなるかもしれない。「沈黙していることに気づいていますか」とか，「何を感じていますか」とかである。沈黙に耐えられる時間は，クライエントによって異なる。沈黙が助けになると感じる人もいれば，見捨てられているように感じる人もいるかもしれない。ある種のクライエントの場合には，少しの間，あなたが会話を運ぶことから始め，徐々にクライエントに責任を移していくやり方を選択することもできる。

　沈黙を良い方向に利用するためには，私たちは沈黙の間も，クライエントが安心していられるよう手助けしなくてはならない。だが，そうなる前に，私たち自身が沈黙に対して安心していられるようになる必要がある。そのためには，日常生活での沈黙の役割に気づき，より長く深い沈黙を試してみることが大切である。もし，あなたが沈黙を避ける傾向にあるのなら，耐えられる沈黙の時間を増やすことを試し，そのときに湧き上がってくる考えや感じに細心の注意を払うとよい。自己認識を高めることを目的とした本を読むことはもちろん，ヨガや瞑想を学ぶのも助けになってくれるだろう。

　治療関係の中で，沈黙は黙って考える時間を共有し，お互いを受容するための空間を提供してくれる。あなたもクライエントも，魅力的で，楽しく，機知に富んでいる必要はない。あなたたち 2 人ともが成果を挙げねばならないという重圧を取り払い，自己内省と相互発見をしていくための文脈を生み出そうとすることが大切である。時に，最善の方略とは，まったく方略がないことなのである。

第7章 心理療法家の感じ
：予想されたことと予想されなかったこと

> 自分の個人的な悪魔を知らない時は，悪魔は普通，
>
> すぐ近くにいる人の中に姿を現すものなのだ。
>
> ― パウロ・コエーリョ

　初心の心理療法家は普通，クライエントに対して何かをすることが心理療法だと考える。たとえば，医師が骨をつなぎ，教師が間違った答えを直すように。実際は，心理療法は，クライエントと共に行う過程である。私たちは，クライエントの課題と苦闘に参入するとすぐに，心地良い感じから心地良くない感じまでを，幅広く経験することになる。確かに私は，クライエントと会い始めるまでは，これほどいろいろな感じを体験するとは予想していなかった。私は，「専門家」であることは，自分自身の感じを脇に置いておくことを意味する，と考えていた。しかし，私が中立的なスタンスをとることだと理解していたことは，感情のない心理療法家がすることだ，という思いが強くなっていった。表に出して見せる感情を決めなければならない場合があるが，そのためには，自分の感じに鋭敏に気づき，それを心理療法に利用する必要があるということを理解するのに，私には時間がかかった。

　心理療法を実践しはじめる前，私は興奮と満足を感じるだろうと期待していた。私の未来のクライエントたちが，やっかいな内的葛藤と格闘する姿を，私は想像していた。それは，刺激的で人生を変えるような洞察が毎日訪れるという点で，私の欲求を満たすだろう。クライエントたちは友達を私に紹介することで感謝を示し，私の評判は広がり，私の仕事はにわかに景気づくだろう。心理療法家であることは，時には情緒的に枯渇することかもしれないが，しかし1回1回の面接は，洞察と個人の成長の爆発で頂点に達するのだ。

　こう期待していた私が，実際にクライエントと会い始めたときの驚きを想

像してほしい！　実際のクライエントの両価性と抵抗は，いったいどこから
来るのか。あっという間の気づきと溢れんばかりの感謝は，どこへ行ったの
か。クライエントが私に怒ることや，私が正しいことをしたのかどうかと考
えて眠れなくなることなど，まったく予想していなかった。私は当初，間違っ
た職を選んでしまったと考えた。もっと後になって，心理療法家の日々の生
活は私の幻想とはかけ離れたものだと，やっと分かったのだった。

焦　り

　クライエントと会うようになる前，私には抵抗の持つ力についての知識が
ほとんどなかった。私が心理療法家になれば，クライエントは私の援助を受
け入れてくれ，私の提案に従ってくれると思っていた。クライエントの成長
と同時に私が焦りと戦うなどという考えは，まったく思い浮かばなかったの
だ。短期の心理療法から利益を得るクライエントもいたが，多く（特に，根
深いパーソナリティ上の問題を持ったクライエント）は，改善を見せるのに
数年を要した。さらに，地層が形成されていくようなペースで成長するクラ
イエントもいた。

　抵抗は，「逆説的にしたがらないこと」であると言われてきた。人はかな
りの時間と出費を割いて，あなたのところにやってくる。そして，あなたの
手助けに抵抗し続けるのである。すると，どんな感じがするだろうか。変化
する必要があり，変化すると約束し，変化への援助を探し求めて，挙句の果
てに変化しないと強く主張するのはなぜなのか。このお馴染みのシナリオは，
無意識を考慮してのみ，つじつまを合わせることができる。ほとんどのクラ
イエントと取り組む最も困難な仕事は，役に立つ診断を見つけたり，良い治
療計画を立てたりすることではなく，彼らが変化に開かれるように援助する
ことである。

　すべての心理療法家が，役に立ち，意味があり，成功を収めていると感じ
たいと強く願っている。しかし，複雑な問題を抱え，高い社会スキルを持た
ない難しいクライエントには，いともたやすく挫折させられるのである。私

たちはしばしば，彼らの非難に衝撃を受け，さらに彼らは，自分たちが成長しないことを理由に，私たちの知識や技術を攻撃するだろう。「犠牲者を責める」という言葉は，元々は，成功しないことを非難されると同時に，経済的・社会的な差別に苦しんでもいる地域社会の中の集団のことを言うのに使われていた。同様に私たちは，自身の失敗感から自らをかばおうとして，クライエントが成長しないという理由で，彼らを非難することもありうるのだ。あるクライエントに抵抗が強い，または病理的であるというラベルを貼ることは，私たちの傷ついた感じから来る怒りや，彼らの問題を解決できないことによる落胆，あるいは私たちに無能だと感じさせたことへの復讐によって，動機づけされている可能性がある。この種の，逆転移に基づいた診断には，多くの形がありうる。たとえば，敵意の強いクライエントに「境界例」というラベルを貼ることは，彼らの訴えのいくらかは正当かもしれないという可能性を考えるよりも，簡単なのである。あるクライエントは，良くならないことによって周りの人を操作し，もっと重篤な診断をつけさせ，私たちの治療が無能である証拠を示そうとする。私たちはこうしたクライエントを，責めることもできる。だが，今あなたがクライエントに貼り付けているそのラベルが，彼らを援助しようとするあなたの手助けに本当になるのかどうか，自らに問いかけてほしい。

　そうは言っても，裁判所の命令による治療の場合（または，クライエントが金銭によって障害を補償されている場合）は，クライエントが病気のままでいるよう動機づけされるかもしれない状況を生み出す。同じことが，症状のおかげで，他者に注目されたり援助してもらえたりするクライエントにも当てはまる。成長しないことが，数多くの理由で起こりうることを，忘れてはならない。

　私は多様で時にはスローペースな心理療法を，徐々に受け入れるようになってきた。進展が遅いことは実際によくあるし，「後退」する時期があることも想定しておくべきである。特に進展が遅くて困難な場合は，ケースの良質な見立てをし，原則に基づいて再検討することが重要である。何をなぜ

しているのかを，私たち皆が再考する必要がある。心理療法の行き詰まりを，あなたの治療戦略を再考し，他の専門家から助言を得る機会として利用するとよい。心理療法が停滞していると認識したなら，それは，気になってきて疑問を持ち，答えを探すときが来たということなのである。

🔲 「あの，それは私の洞察です！」

　多くのクライエントは家族の中で成長するが，そこで良くない支援やアドバイスを受けてしまう危険性がある。親や親の間違った判断によって裏切られた子どもは，他者が助けになりうるとは考えない大人になりがちである。彼らはあなたの知識を疑い，あなたの動機と意図を不審に思う。こうしたクライエントは，しばしば反射的に，あなたのアイデア，解釈，配慮を拒否する。これは転移の一般的な表れである。結果的に，信頼できる治療関係の確立には長い時間がかかるかもしれないし，その間にあなたの能力と信頼性が何回も試されるかもしれない。

　私は，クライエントが直近に得た洞察を私と共有し始める場面に，何回も立ち会ってきた。私は，数週間前か数カ月前に私が示唆したことを，クライエントの口から聞くことだけを心待ちにしている。以前は同じことを示唆しても，ばかばかしいこととして，無視されるか，はねつけられるかのどちらかだったのだが。働き始めた頃に，次のように思ったことを覚えている。「あの，それは2〜3週間前に私が話したことですが，あなたはそ知らぬ顔をしていますね！　今あなたは私に，それはあなたのアイデアだとおっしゃいましたね。まるで私がそんなことは一度も言っていないかのように！　ちょっとは褒めてくださいよ！」。

　この反応は自分がしたことだが，子どもっぽかったと自覚している。私は必死に有能さを感じようとしていて，自分が受けるに値すると思っていた称賛を受けないことに，耐えられなかったのだ。それ以後，私はこうした感じを受け入れ，他の仕方で安心を得ることを学んだ。こうした状況で一番大事なことは，クライエントが幸福になることであり，このタイプの行動パター

ンに注意を向けることである。もし，いずれは信頼や人への依存といった問題に取り組むのならば，話し合いのきっかけとして，このようなタイプのやり取りの例を注意深く用いることができる。たとえば，以下のようなことを言ってみてはどうだろうか。「あなたが私の考えをはねつけておいて，後になって良い考えとしてあなたから持ち出すことに，私は幾度となく気づきました。あなたはこれに気づいているでしょうか。もし気づいているなら，このことをどう考え，感じているか話していただけませんか」。

　もし，クライエントがこの過程を理解でき話し合えるなら，次のように続けるのも良いかもしれない。「お父さんはいつもあなたに，あなたの感じたことは正しくないとアドバイスした，とおっしゃいました。お父さんからあなた自身を守らなければならないのと同じように，私からもあなた自身を守ろうとしていたのかもしれませんね」。こうして，治療関係の中で起きていることを，クライエントの歴史と無意識の感情世界につなげることができる。これは，転移解釈の一例である。とはいえ，これらのより深い問題を掘り下げるためには，治療関係が強くなり，持続されることが必要であることは，覚えておくべきである。

　この力動のもう一つ別の形は，クライエントが，テーマが難しくて数回の面接ではワークスルーできないと感じたときに生じる。クライエントは話を変えるか，後で「それに手をつける」つもりだと，あなたに言うかもしれない。彼らは万引き犯のようにジャケットの下でこっそりと手を動かして，あなたの言うことを取り入れる。そして，あなたのじっと見ている視線が外れるのを待って，安全だと思ったら手に入れた物を品定めするのである。これは，幼少期に確立し，彼らの関係性すべてに隠れた側面としてあるような，一つのパターンである。多くのクライエントは，自分の考えや感じが明るみに出てしまうのではないかと恐れているので，それを封じ込め，変形し，無効にしようとする。クライエントが考え，感じるべきことを常に言ってくる親の存在は，透明性と協調性は危険であると彼らに語るのだ。

　精神的な病があったり，物質依存があったり，自己愛的であったり，ある

いはクライエントに対抗的であったりする親に育てられたクライエントは，親のアドバイスや忠告は間違っていたり，破壊的でさえあると，学習するかもしれない。こうした状況にいる利口な子どもは，他者に依存しないことを学ぶ。だとしたら，自分自身の親から自分を守る必要のあった者たちが，どうしてあなたの能力と善良な意図を当然のように取り入れるだろうか。彼らは自分のニーズを秘密にしておきたいので，ベストを尽くして，こっそりと自分自身を育て，安心させ，サポートしようとするのである。この形の転移は，慎重に配慮され，接近されるべきであることを覚えておくのは，重要なことである。こうした適応的な防衛をあまりに早く解釈することは，クライエントを圧倒する危険があり，心理療法を中断に駆り立てる可能性がある。

性的魅力

　身体的に親密になることへの禁止は，クライエントと心理療法家の両方を害から守る境界を作り出す。それはまた，この境界がなければ不可能であるような心理療法の作業のための文脈を提供する。しかし，この境界は，どんなタブーとも同じように，緊張を生み出す。初心の心理療法家がしばしば予想していないことは，性的に引きつける現象が，治療関係においてはごくありふれたものであるということだ。心理療法の感情的親密さは，身体的な近さを待ち焦がれることに，自然に通じる可能性がある。

　クライエントに性的に巻き込まれる心理療法家を描いた映画を，よく目にする。性は映画のチケットの売り上げを伸ばすものだが，この心理療法家の描写は，私たちの領域における現実問題も反映している。そのことに強い自覚もあって，訓練中も焦点を当てられるにもかかわらず，クライエントと自分の職歴を傷つける心理療法家の仲間入りをしたがるかのように，この現象は続いている。クライエントに性的に巻き込まれることへの警告に対する私たちの普通の反応は，「そんなことは分かりきっている」というものだが，クライエントとの境界が侵害される行為に免疫がある心理療法家はいない。このことは，私が教えを受けた倫理学の教授の1人が，この件で免許を失っ

たことを知ったことによって，私の中で明確になった。

　クライエントの性的魅力を議論するというのは難しいことだが，不可欠なことである。私のグループスーパービジョンのなかでも優れた学生であるジルが手を挙げて，彼女が会っているクライエントについて話し合えるかどうか尋ねた。不安気でおびえた様子のジルは，躊躇しながら，彼女のジレンマについて話した。彼女は男性クライエントに会っていたが，初めてのケースと言ってもよく，彼は彼女とほぼ同い年だった。彼の問題とその治療経過を述べたとき，彼女は彼がいかに魅力的であるかについて何度も触れた。その話しぶりからして，彼女が専門的な関係性を超えたいと感じていることは，明らかだった。

　彼女のクライエントには，混沌とした関係性，過去の自殺企図，重篤な気分変動といった病歴があった。また，彼は多くの心理療法家と心理療法をしてきた。彼はジルに，彼女は彼が出会ったなかで一番の心理療法家だと語った。たぶん，「今までで最高の心理療法家だよ」などと言ったのだろう。彼女は，過去の心理療法家たちは強い情緒的絆を発展させてきて，彼は治療から利益を得てきた，と感じていた。彼女がこのケースについて話し合いたかった理由は，クライエントが恋人になろうと持ちかけてきたからだった。

　ジルは数年間授業を受けてきて，境界例の病理，性愛化された転移，治療関係のパラメーター（parameters）訳注†1 についての理論的な議論を，全部聴いてきた。私はそれをすべて分かっているので，彼女がクライエントの性愛化された転移を扱うための特異的な方略や技法について質問するものとばかり思っていた。驚いたことに，彼女はそのグループに，「私たちの治療関係を考慮すると，彼と恋愛関係になることは良い考えだと思いますか？」と問うたのである。はじめは，私が聞き間違えたと思って，私が聞いたことが間違いないのかどうかを確かめようと，スーパービジョンのグループの人たちのほうを見た。すると，彼らは皆あっけにとられて，私を見返していた。私

---

†1　「パラメーター」とは，中立性を守り，言語的解釈による洞察を目指すといった，精神分析療法の基本から一時的に離れるような技法を用いること。

は一息ついてからジルのほうを振り返って，彼女の質問を繰り返すように言った。私たちが聞いたことは，まったく聞き間違いではなかった。

　ジルは，クライエントに心を奪われていた。彼女は独身で，働きすぎていて，個人的人間関係では満足を感じていなかった。彼女自身の空虚感と，親密になりたいという強烈な欲求のせいで，このクライエントの魅力を転移として見ることが，彼女には難しかったのである。彼女は，彼の誘惑的な行動の文脈の流れも見失った。というのも，彼には発達早期に性的虐待歴があり，人格障害もあったのである。身体的魅力によって彼女の心は虜にされ，彼女の心理療法の能力を彼が称賛することで彼女は落ち着き，そして，彼がいれば彼女は孤立感から救われると感じていた。

　ジル自身の性的・身体的虐待，それに彼女が経験したすべての境界が侵害される行為のせいで，クライエントとの二重関係は馴染みあるものであった。ジルは，自身の発達早期の家族関係の感情的世界へと退行したために，専門的な訓練を忘れてしまったのだ。彼女は，このクライエントと一緒にいる将来について空想しはじめていることと，最終的には彼らの治療関係を中断しなければならなくなるだろうという漠然とした感覚があることを認めた。

　私は，ジルが学んできたことのほとんどを完全に無視する力と同様に，彼女の正直さにも印象づけられた。これこそが，解離と退行と否認の力なのである。だが，実際には，彼女が学んだことはまだほかにもあった。彼女の内面の苦闘を公開するよう促されたお陰で，彼女は無意識的恍惚状態から抜け出せたようだった。私は，彼女の開示を聞いて他の学生が愕然としていたのを目にしたので，彼女の感じをノーマライズ（normalize）[訳注†2]し，彼女の勇気を褒めるように努めた。私たちはこのケースを詳細に検討し，そのうえで私は，もし彼女が心理療法の境界と方略をしっかり保ち続けるなら，この魅力的で誘惑的なクライエントとの心理療法は成功するだろう，と予測した。

---

†2　「ノーマライズ（正常化）」とは，異常な現象とされてきたことを，一定の条件下であれば誰にでも起こりうることと考え，いわゆる正常な現象と地続きのこととして認識し直すこと。

　数週間足らずで，彼女のクライエントの陽性転移は陰性転移にとって換わり，彼女は，彼が知っているなかで最低の心理療法家となった。彼は，彼女が彼の誘いを断ったことで激怒し，彼女の技術をがみがみと非難することに多くのセッションを費やした。それでも，時が経つにつれて，彼女は彼との間で重要な作業を行えるようになってきて，彼らの治療関係の中で彼の気持ちを行動化するかわりに，それについて話し合えるように彼を手助けした。

　ジルは当初，クライエントの境界例的スプリットのポジティブな面を見ているだけだったし，さらには，彼女の弱みを見つけ出してつけ込む彼の力によって誘惑されていた。振り返ってみると，彼女は，このケースを議論したことにとても感謝していたし，適切な心理療法の境界も維持していた。彼の人格障害のネガティブな面を見た今となっては，彼と一緒の未来という幻想を持つことは，彼女にはできなかった。彼女の職歴に損失を与えるような過ちなしに，彼女がこの嵐を切り抜けることができたことを，私はありがたく思った。ジル自身は，心理療法家になることで自分のつらい過去を忘れたいと願っていたが，実際には，それが再びつらさと混乱を引き起こして，健康を危険にさらすことになったと分かっただけだった。この経験は，ジルの自我の傷つきやすさと，特定のクライエントとの退行しやすさを際立たせた。彼女は，自分の心と職歴の両方をねらった弾丸を，ずっとよけてきたことを悟った。そして，彼女自身，教育分析を受ける必要があることが，明確になってきた。

　性は，決してあらゆる治療関係の一部ではないはずである。性が，どんなに興味を持たずにはおれない気持ちにあなたをさせようとも，クライエントには最大の興味ではないのである。クライエントの利益のためと思うと境界を維持するのが難しくなる人には，次のことを心に留めておくことが助けになるかもしれない。すなわち，もしあなたがクライエントと身体的に親密になるならば，あなたは，クライエントにあなたの職歴を終わらせる力を与えることになるのである。あなたの訓練につぎ込んできたすべての労力・エネルギー・金銭のことを考えてほしい。それが，あなたがクライエントに与え

たい力なのかどうか，自分自身に問いかけてほしい。もしあなたが，クライエントの性的魅力に負けそうだと真剣に考えているのなら，同僚かスーパーバイザーか教育分析家に，できるだけ早く電話してほしい。それを決して行動化はせず，考え抜き，きちんと答えを出してほしい！

退行の力

　退行とは，私たちを人生の今より前の時期に連れ戻すような，発達早期の強力な感情的記憶の活性化である。退行はフラッシュバックに似ており，そこでは，多くの同じような無意識的記憶の神経ネットワークが活性化され，過去の感情的な出来事が現在に重ね合わされるのである。前節のクライエントとのジルの体験は，治療過程の助けにはならない，心理療法家の退行の良い例である。

　しかしながら，退行は，クライエントにとっては重要なことになりうる。なぜなら，それが症状形成の鍵になりうるような，記憶の古いネットワークを活性化するからである。フロイトがクライエントを寝かせ，顔を合わせないようにし，沈黙していることに時間を費やした目的の一つが，退行の強化であった。クライエントに過去について話すよう励まし，強い感情表現を支持し，心理療法と親のしたことを関連づけることのすべてが，退行を強化する。それらのことが，現在への注目を弱め，主観的時間を通して心が過去に漂うことを可能にするのである。

　心理療法が退行的経験への強力な引き金になりうると常々聞いていたが，私自身，最初にそれを体験したときに，本当にそう思った。私自身の教育分析の中で特に苦痛だったある面接の間，私は自分の幼少期の非常に大変だったときに立ちかえっていた。私の両親は不仲になり，家族は経済的に困窮したが，この私自身の恐怖について話せる人は誰もいなかった。私がこれらの記憶を追体験したとき，多くの強く苦痛な感情を経験した。

　私が幼少期に使っていた解離的防衛のいくつかが現れてきて，教育分析の中で大人のままでいることが困難だった。そして，その面接の後，自分の車

まで戻ると，運転の仕方を忘れてしまったことに気づいたのだった！　車の
シートに座ると，少し驚いただけでなく，どうしたらよいか途方に暮れてし
まった。幸いにも，私の幼少期の記憶が遠ざかるにつれて，運転の記憶がゆっ
くりと戻ってきた。私に起こったことについての私なりの理解は，幼少期の
経験の力が私の今の現実を覆い隠し，より早期の感情と知識と自己同一性の
組み合わせに「退行した」というものであった。

　退行のもう一つの例として，祖父母の家に入る夢を繰り返し見たクライエ
ントを挙げる。その夢はいつも，彼女が祖父母の家の玄関をくぐって，玄関
側に向いた鏡のある玄関ホールに入る場面から始まった。鏡に映った自分自
身を見て，左に曲がって居間に行くのだった。幼少期の彼女の記憶をさらに
さかのぼり，もっと原初的な感情が現れてきたとき，これらの夢が変化しは
じめたことに彼女は気づいた。最初に気づいたのは，家に入ったときに，鏡
の中の自分の姿をもう見なくなったことだった。彼女は初めは鏡がなくなっ
たと思ったが，後になって，彼女はもっと幼い子どもになって同じ夢を今見
ており，その鏡をのぞき見られるほどは背が高くないことに気づいたのだっ
た。

　心理療法家は，クライエントのためにも自分たちのためにも，退行の力を
非常に尊重しなければならない。クライエントとの恋愛を考えていた学生も，
破壊的な役割しか演じえないのに，性を治療関係に持ち込もうとしたことを
理解した。このことが彼女の幼少期の経験ととても似ていたので，彼女は自
信にあふれた大人から，混乱し依存する子どもへと退行したのだった。退行
の力が，彼女の訓練に反して，心理療法の境界を侵害するように考えさせて
しまったのだ。心理療法家にとって，自身の内的世界を探索する勇気を持つ
ことと，私たちの仕事の中で活性化されてくる無意識的記憶のネットワーク
に絶えず気を配ることは，絶対に必要不可欠なことである。

癒し人は汝自身を癒す

　何年かの間に，私が嫉妬してしまうような数多くのクライエントを担当し

てきた。彼らは，美しい配偶者，子ども，家，成功して実入りが良い職業を持っていた。とても多くのクライエントが，私よりもずっと心理学的に健康であった。こうした認識は，謙虚にさせてくれる一方で，癒し手役のときには戸惑うことにもなる。こうした認識は，不完全さと恥をめぐる，私たちの個人的な苦闘の引き金にもなりうる。

　心理療法家になる道のりには，多くの紆余曲折がある。私は長年にわたって直面しなければならなかった個人的な問題の多さと深さに，驚かされ続けてきた。幼少の頃から，私は他者を助けることに焦点を当てることによって，私自身の問題を私自身から隠す能力を伸ばしてきた。他者に注目することによって気をそらしていた間は，そこそこ良い感じだったが，気をそらすことがないときには傷つきやすくなって，自分自身の感情が自然に出てきて，不安になり，悲しくなった。学校で精神と治療技法について学んだすべてのことと同じくらいに，内界（私自身の感情的世界）への旅は，心理療法家であるために必要な能力として重要なことであり続けてきた。また，この学びは，私の最期まで続くであろう生涯にわたる作業である，ということも分かるようになってきた。私は，私と同じくメンタルヘルスの領域にいる多くの人々が，彼ら自身の心理学的問題を持っているという事実にも取り組む必要があった。実際，この問題が，彼らがこの領域にいることの第一の（無意識的な）理由であるかもしれない。クライエントを援助する施設に私たちのグループを置けば，少なくとも私たちの時間と注意の半分が，お互いをケアするために費やされることが分かるだろう。数年かけて，このことが私を混乱させ，やる気をなくさせるのだと分かり，なぜ私たちは自分の問題を横に置いておけないのか，なぜ自分の問題を抱えたまま仕事をしているのかと，不思議に思った。いろいろ考えた挙句，この考え方は役に立たないと分かった。メンタルヘルスに関わるすべての人が，クライエントもケアする側も同じように，援助，支持，癒しを必要としているのだ。援助者を援助することなしに，クライエントを援助しようとすることは，最終的には失敗を招くのである。

　あるとき，私は精神科病棟のホールを歩きながら，あるクライエントと話

をしていた。彼は，穏やかな話し方をする十分な教育を受けた男性で，最近，急性の精神病エピソードを経験した。私たちは歩いて，病棟師長室の閉まったドアの前を通り過ぎた。病棟師長はある看護師に，抑えきれない様子で大声をあげていた。聞こえた限りでは，落ち着く前の新入院クライエントのまとまりない長広舌に，とても似ているようだった。歩き続けていると，私のクライエントが冷静なそして哲学的な言い方でこう言った。「クライエントから医師に何か言うなんて，私にはできないです。私たち皆が鍵をかけられていて，良かったですよ」。

　私自身の期待の仕方を変えてみたら，私がスタッフにしていた援助を自分も必要としていたことに気づき，私も徐々に人の援助を受け始めた。これらのニーズのすべてのバランスをとるようになることは，メンタルヘルスの働き手の集団やクライエントと仕事をするための私の能力における重要な転機となった。私は，支えてほしいという私自身のニーズに，もっと誠実で現実的であるべきだと学んだ。同僚に私の力を注ぐことは，もはや私のやるべきことから気をそらすことではなく，むしろクライエントすべてに私が寄与できる不可欠な側面なのである。

第**8**章　心理療法に通うのは怖いこと
：抵抗のパラドックス

私は，どれほど多くを学ばなければならないかが分かる前に，

すでに多くを学んでいました。

― 心理療法がうまくいったあるクライエント

　心理療法家になろうとするときの最も困難な局面の一つは，クライエントの抵抗の扱い方を学ぶことである。私たちの多くが，抵抗は雨天延期，つまり，過ぎるのを待てば始められるものだと誤解している。これほど事実からかけ離れた理解はありえない。抵抗に取り組み，ワークスルーすることは，心理療法技術の鍵である。クライエントの問題点についての解答の多くは，クライエントが治療関係に持ち込んでくる抵抗の中に織り込まれている。時が経つにつれて，私たちは徐々に，抵抗に埋め込まれた重要な情報を読み解くことを学ぶ。

　初心の心理療法家は，はじめはしばしば，クライエントが言ったことの内容に抵抗を見出す。この内容抵抗は，特定のトピックスをめぐる感情的問題に反映される。話し合いの中の強い感情やズレは，しばしば「そこで何かが起きている」ことの最初の兆しである。あるクライエントは姉の話になると決まって悲しそうに見えたり，別のクライエントは母親についてはまったく触れないのに，父親についてはとても多くを語ったりするかもしれない。また，あるクライエントは「それについては話したくありません」と言うかもしれないし，別の話題を話し続けるかもしれない。これらはすべて，内容抵抗の例である。心理療法家は，経験を積むにしたがって，いわゆる過程抵抗を認識しはじめる。過程抵抗は，人格，コーピングスタイル，防衛（それらは，発達する間に形成される）の中に組み込まれている。私たちの脳は，経験への適応を通して形成され，次に，以前にあったことに調和するように，

大人の知覚を体制化する。こうして，過去は現在，そして未来となる。いわば，私たちは見たいものを作り出すのである。このことの主要な例は，転移関係である。それを通して，クライエントは心理療法家を，過去の重要な人物として体験するのである。

　初心の心理療法家はしばしば，料金を設定し受け取る，約束を忘れる，初期に中断するといった状況で，過程抵抗を初めて目にする。これらこそが，クライエントが抵抗を「行動化」する舞台なのである。行動を動機づける潜在的な感情的過程を見出すのと同様に，行動化を理解し名づけるのが，心理療法家の仕事である。初心の心理療法家にとって，こうした状況に直面することは特に難しいし，過程解釈をすることによる不快感を乗り越えるのに必要なだけの，信頼を得るにも時間がかかる。面接を休んだり，不渡り小切手で支払ったりすることの動機となった考えや感じについて，率直に議論するよりも，議論を避けるほうが簡単なのである。

　心理療法に通うのは怖いことであって，両価的になるのが普通である。予約をすることや，待合室で心理療法家が来るのを待つことはもちろん，通う決心をすることも，まさに神経が擦り切れることになりうるのだ。また，粗野で勝手な思い込みは，しばしば抵抗のよくある形である。私は，自分の教育分析の初回面接が始まるまで，めまいがするほど混乱していた。私の頭の中の声が，「教育分析家は私が気が狂っていると思うだろう」とか，「彼は，私の両親が下手をしでかしたと思うだろう」とか，最悪の場合，「彼は，私があまりにめちゃくちゃなので，心理療法家にはなれないと言うだろう」などと，言い続けていた。こうした経験を覚えておくことは，新しいクライエントに，より共感的になれるように助けてくれる。

　これらの不安と恐れのすべてを踏まえるなら，クライエントをより安心できるようにするために，あなたができることをするのが重要である。面接初期にあっては，まずは手助けを求める決断をしたことについてクライエントを褒めることから始め，それから面接に導入するのである。もし始めるのが難しければ，たとえば，学歴，興味，趣味といった，一般的で威圧感のない

質問から始めるのが良い。クライエントが人であるという感覚をつかむことが大事であり，異常心理学の教科書にどっぷり浸かったところから始めてはならない。

　心理療法に通うことは怖いものだが，クライエントの防衛や抵抗を彼らに直面させることも，恐ろしいことになりうる。多くの心理療法家は，自分の家族の中で調停役をさせられていたので，葛藤を避けるためにできることは何でもする。これは，女性にとって特に真であるかもしれない。彼女たちは，他者の世話をしたり気分を良くさせたりすることが女性の役割となっているようなほとんどの文化の中で，それを期待されてきたのである。また，数えきれないほどの女子学生，クライエント，友人たちが，自分たちのことを「嫌な女」だと感じている人を，ぎゃふんと言わせることを言ったりやったりできたなら，と話した。嫌な女であることと妥当な解釈をすることの違いが分かるようになるのは，確かに重要である。

　多くの心理療法家は，幼少期に怒りを表現することを許されなかった。彼らの家族力動と他者のニーズが，彼らに良い子であることを求めたのだ。発達する間に怒ることを許されないのが問題なのは，怒りが日常生活と通常の対人交流に統合されないからである。

　それゆえ，怒りが表現されると，爆発的で人を怖がらせることになり，怒りは抑制されるべきものだというさらなる証拠になってしまう。不幸なことに，意識経験から怒りが取り除かれると，普通は力強さと適応的なアサーティブネスも同様に失われる。

　確かに心理療法の目標とは異なるのだが，葛藤はときに成長にとって重要である。だから，私たちは，クライエントの怒りや陰性転移の的であることを不愉快に感じるとしても，自分のクライエントの怒りに直面でき，陰性転移を緩和できなければならない。後で多く述べるように，陽性転移が陰性転移の陰に隠れていることを，忘れないでほしい。抵抗が，不安を誘発するものに対する防衛を含んでいることも，忘れるべきではない。また，怒りを微笑みで隠す人がいる一方で，憤怒を盾にして傷つきやすさを隠し続ける人も

いる。

　心理療法家の直面化への恐れは，次のような反治療的な行動によって示されるだろう。

- さまざまな予約時間の変更について，話し合わない。
- 面接を忘れたり，遅刻したりしたことについての話し合いを避ける。
- 料金の徴収についての話し合いを避ける。
- 料金設定を安くしすぎる。
- 困難な話題を取り上げない。
- 解釈をしない，またはしすぎる。
- 面接を早く終わる，または延長する。
- 面接を忘れる。

　あなたの教育分析で，怒り，自己主張，権力とあなたとの関係性を，努めて探索するようにし，かつ，今述べたような心理療法での問題に，特別な注意を払うべきである。

基本的なパラドックス

　はじめは次のようなことで混乱する。すなわち，クライエントは，しばしば多くの感情的労力と金銭を費やして心理療法を受けに来て，ただあなたの助力，提案，解釈を退けることしかしない。抵抗は，心理療法の基本的なパラドックスであるが，それは心の表面上のことにすぎない。あなたが，クライエントが発達してくる間に直面した歴史，家族，感情的変化をよく知るようになるほど，そのクライエントの抵抗の形は，よりつじつまが合うようになるだろう。抵抗は暗黙の記憶[訳注†1]の形であり，現在にも影響する過去への適応である。経験を積むにつれて，あなたは，新しいクライエントと数分やり取りする間に，その見当をつける方法を学ぶだろう。

---

†1　第2章訳注†2を参照。

　クライエントの核となる問題は，抵抗の中に埋め込まれている。私は，少年だった頃に父親からひどく虐待されたクライエントを，数多く担当してきた。29歳の野球選手であるジェイソンは，初回面接中，挑戦的な態度で腕組みしたまま，自分に何でもよいから感じさせてみろと，私に圧力をかけていた。ダグは中年のビジネス・コンサルタントで，ほぼ毎回のように私に贈り物を持ってきた。トニーは大きさが私の3倍もあろうかというティーンエイジャーだが，私のオフィスの隅まで椅子を押して行って，まるで私が彼を攻撃するのを期待するかのように，私を見ていた。これらの男性は，彼らの発達早期の虐待に多くの無意識的適応をしてきたのであり，それらを転移関係の中で，私に行動で示したのであった。3人とも虐待を受けたことは明確に覚えていたが，誰ひとりとして，どのように自分の適応の仕方が，人格，防衛，対人行動に織り込まれてきたかについては，気づいていなかった。

　ときには症状が，私たちが必要とはしているが直接的には尋ねることができない情報を，提供してくれる。日頃ニーズが満たされない夫でも，病気になれば世話をしてもらえるかもしれない。また，ある働きすぎの母親は，パニック発作と広場恐怖を発症することで，家族が彼女の負担のいくらかを共有しはじめることを知る。抑うつ的な母親が去っていくことに過敏になっている青年は，不安症状の増悪によって，大学を去ることを後延ばしするための受け入れやすい理由ができたことに気づく。このように，症状による報酬や，あるいは症状によって悪い事態を避けられるようになることは，二次的利得と呼ばれる。二次的利得は症状を強化・維持する働きをし，クライエントをより変化に抵抗するようにさせる。

　二次的利得を扱う際の鍵は，クライエントが本来必要とするものを手に入れるよう，援助することである。ニーズを同定し，それらを手に入れることについて，より積極的になることを手助けすることは，ほとんど常に有益である。また，抑うつ的な母親がいる青年のような事例では，母親が望む援助を母親が得るようにさせると，彼のフックを外すことになり，彼がより健康な発達の道筋にとどまることを可能にする。つまり，ニーズを直接満足させ

ると，ニーズを満たすために用いていた自傷的な症状を続けにくくなるのである。

　私たちが「抵抗」と呼ぶものは，クライエントから心理療法家へのコミュニケーションの必然的な形であり，治療過程の中心的な構成要素である。抵抗という言葉は心理療法一般に使われているが，この用語が適切であるかどうかは，まだ不明確である。今，私たちが議論していることは，発達早期の関係性やトラウマ経験からくる暗黙の記憶や手順記憶と考えたほうが，よりうまく説明できるだろう。こうした記憶は，意識的気づきの外側にあるが，人が世界とそれに反応する仕方をどのように経験するかに，強く影響を与える。

　クライエントは，しばしば自分でも，反復するパターンにはまり込んでいることに気づいているのだが，無意識的記憶の中にあるその起源については，ほとんど理解していない。心理療法家の鍵となる役割の一つが，こうしたパターンを同定し，理解し，クライエントに伝えることである。私たちは，クライエントの過去がどのように現在に影響し，そして未来を形成していくのかについて，クライエントに教育しようと試みるのである。それを記憶の形として述べることは，クライエントを非難したり，敵対的な関係を成立させたりすることを避けるよう，助けてくれる。敵対的になるよりも，共同作業の観点から考えたほうがずっと良い。そうすれば，どのようにそのクライエントの脳が適応と生き残りを学んできたかということについての，相互的探究になるからである。

抵抗が受容されること

　合気道は，調和とエネルギーの原理に基づいた武術の一つである。合気道の核となる思想は，もし誰かがあなたに攻撃してきたなら，その人は精神的に不調和に違いない，というものである。この文脈では，合気道の役割は，攻撃者の調和が取り戻されるまで，彼の誤った判断から彼を守ることである。したがって，攻撃者の力に対しては，逆の力で真正面から対決するのではな

く，むしろうまく横に一歩移動してそらすのである。そのとき，攻撃のエネルギーは，円形の動きに吸収され，破壊的ではない押さえ込みへと形を変える。動きが正確に実行されると，攻撃されたほうもしたほうも怪我をしない。

　この合気道のやり方は，心理療法における抵抗への直面化の素晴らしいメタファーである。初心の心理療法家にとって最大のリスクは，クライエントの抵抗を人格と関連づけて理解し，それをクライエント自身の自我が動かす力と結びつけることである。合気道と同じように考えれば，抵抗とは，クライエントが精神的な調和と統合を手に入れるための支援を必要としている，というサインなのである。クライエントの抵抗に感情的に反応するのはごく自然なことではあるが，冷静さを保ち，あなたの心理療法上の役割を心にとどめておくことが，絶対不可欠である。しばしば報復したくなるものだが，それは確実に間違いである。抵抗が，思考，感情，存在の新しい受容の仕方へと成功裡に変換されるかどうか，正しく認識され，理解され，評価される必要がある。クライエントの抵抗は，過去にあった試練という視点から見ると必要な防衛であり，抵抗を受容することは，心理療法を成功させるための中心となる態度である。

　あなたのキャリア全体を通じて，あなたは何百という抵抗の形に直面させられるだろう。問題は，あなたがどのようにそれらを扱うかである。第1のルールは，次に挙げるなかで最も難しいことだろうが，防衛的になるなということである。抵抗はたぶんクライエントに関することであり，あなたに関することではない，ということを忘れないでほしい。第2のルールは，クライエントの懸念を注意深く聞くことである。あなたの技術や知識については，心理療法の開始前に熟考され検討されるべきであるが，事実，それらについてのクライエントの懸念には，現実的な側面があるかもしれない。たとえば，あるクライエントは，自分が苦しくて，初心の心理療法家よりも経験者を必要としていると実感しているかもしれない。恥ずかしさのあまり，異性の心理療法家とは話し合えないような問題を持つクライエントもいるかもしれない。クライエントの懸念を聴いた後に，どれくらいクライエントは正

しいのだろうかと，自分自身に問うてほしい。クライエントの疑問は，結局は，私たちが出会うあらゆるクライエントを援助できるという保証は，私たちの誰にもできないということを知る新たな機会を与えてくれる。

　次の疑問について考えてほしい。

- 私には，このクライエントを治療する技術があるか。
- 私たちの相性は良いか。
- このクライエントは，私以外の心理療法家と作業したほうが，より大きな利益を得るのではないだろうか。
- 私は，このクライエントを援助できると感じているか。
- 私は，このクライエントを援助するための私の技量を損なうかもしれないほど，強い逆転移反応をしているか。

　これらは，答えるのが困難で，複雑な問いである。良い決断ができるには，数年の経験が必要である。だから，頼れる間は，あなたのスーパーバイザーの助けに頼ればよい。

　もし，あなたが真剣にクライエントの異議の根拠を考え，あなた自身で内省をしたうえで，それでもその異議の根拠が正当な懸念というよりも抵抗のように思えたら，次のステップに移ること。すなわち，クライエントが抵抗を必要とする理由を考えてみること。クライエントの関係性の歴史を探索し，クライエントが他者から受けてきたサポートの量と質を探索するのである。前章で検討したように，クライエントは最も依存した人に裏切られ，欺かれ続けてきたのかもしれない。その抵抗は，医師やその他の精神衛生の実践家との今までの経験が，根拠になっているかもしれない。心理療法家のミスの犠牲者となったクライエントに，私は何人も出会ってきた。その場合の治療の最初の段階は，私自身の有能さと信頼性という問題に，完全に焦点が当てられていた。より穏やかに言えば，以前はレモンを売っていたのに，今は車を売っているセールスマンを，クライエントに連想させるのかもしれない。

ポイントは，抵抗とは，ここ以外のある文脈の中で生き残るために経験から学ばれてきたものだ，ということである。それは，受容され，発見され，探索されるべきであって，人格と関連づけて理解されるべきではない。

　抵抗の基礎となる動機づけは，普通はセラピストに関連するものではないが，しばしばセラピストの属性や行動や短所といった文脈の中で構成される。クライエントに，あなたは若すぎるから，年を取りすぎているから，肌が白すぎるから，黒すぎるから，同性愛だから，異性愛だから，理解したり手助けしたりできないのです，と言われた経験はないだろうか。クライエントは疑わしげにあなたを見て，「どれくらいケース担当してきたんですか？」とか，「何年心理療法家をしているんですか？」とか，「一応，認可を受けた学校に通ったんですか？」とさえ，聞くかもしれない。もちろん，あなたの経験が少なく，目覚ましい業績が少ないほど，これらの薄く偽装された攻撃は，あなたの自我と平静さにより強い衝撃を与えるだろう。

　あなたの個人的な属性や経歴や能力が問われたとき，防衛的になり怒るのは自然なことである。もちろん，これらの陰性感情は，あなたに対するクライエントの見方と治療関係の両方に有害である。最善の方略は，問われたあなたの技術と能力を活かせるように準備しておくことだ。そうすれば，自信のある，防衛的でない態度で答えることができる。試しに「心理療法家としては訓練を始めたばかりです。このクリニックで働くことを選んだのは，スーパービジョンの評判が良いからです。ご存じのように，私は免許のある心理療法家のスーパービジョンを受けていて，セッション毎に2人で再検討しています」などと答えてみてはどうだろうか。

　あなたの訓練と経験について知るのはクライエントの権利であるし，それについて質問し，挑発までしたとしても，必ずしも抵抗のサインではない。しかしながら，クライエントがあなたの資格についてどのように問うかには，注意を払うべきである。もしクライエントの質問が，皮肉，見下し，または怒りといった感情的な文脈でなされるなら，そのクライエントの期待，過去の経験，または防衛についての重要な情報を示しているかもしれない。この

場合，あなたは，自分の訓練の質に関する直接的な質問に，以下のように続けたくなるかもしれない。「あなたは，心理療法によって手助けされることに，期待していますか?」とか，「私と心理療法をしていくことを，あなたはどう感じていますか?」と。こうした質問をすれば，心理療法に参入することについてのクライエントの不安や懸念に，直接手が届くだろう。

　統合失調症になったことがないのだから，あなたには統合失調症の人を治療する権利がないとか，あなたは「完璧な人生」を送っているので，うつ病がどんなものか分からない，と言うクライエントたちを担当したことがある。あるいは，あなたは仲間からの集団圧力と薬物がない時代に育ったので，今の時代に育った青年を到底理解できない，と言われたこともある。こういうときには，「私に教えてください」とか，「確かに，私はあなたが何を経験しているかは分かりませんが，学びたいとは思っています」といった素朴な表現は，最初の抵抗を和らげることができ，健全な治療関係を構築する助けになりうる。

　クライエントが普通，非難，挑発，攻撃を通して問いかけていることは，「あなたは私を手助けできますか?」とか，「私はあなたを信頼して良いですか?」ということである。私が挑発されたときには，こういう話し合いに導くように試みる。私の年齢，性別，人種，あるいは訓練についての話になれば，私の心の底にあるメッセージは，「私があなたを手助けできるかどうかは分かりませんが，そう努力したいです」である。クライエントが自分自身を手助けするために行動するのと同じように，私がクライエントと同じ宗教に入り，同じ偏見を体験し，同じ病になる必要があるだろうか。彼らは，彼らの世界がこのようなものだと私に教えることができるだろうか。彼らを手助けするのと同じように，私を手助けすることができるのだろうか。彼らには，同性愛の心理療法家，黒人の心理療法家，ユダヤ教の心理療法家がいたほうが良いのだろうか。そうかもしれないが，こうした議論をしている間に，普通は心理療法に発展するような関係性が構築されるものだ。

　抵抗に出くわしたときには，以下の原則を心にとどめておくと良い。

- 抵抗を人格に結びつけることなく，決して報復もしないこと。
- 抵抗を理由に，クライエントを罰してはならないこと（たとえば，「それほど，私のことを気に食わない心理療法家だと思うんですね」「やれやれ，あなたはずいぶん不愉快なクライエントだ！」などとは言わないこと）。
- 抵抗を受容し，その正当性を認め，必要とあれば，クライエントが防衛を使うことを認めること（たとえば，「あなたには，絶対に親に自分の弱みを見せない権利がありますよ。親もあなたに対してそうしたのですからね」などと言うこと）。
- あなたがあらゆる他の無意識的記憶にするのと同様に，抵抗を探索すること。
- 抵抗をクライエントに言葉で伝え，彼らが認識でき，理解できるようにすること（たとえば，「あなたは非難されたと感じると，いつでも黙って引きこもるようですね。次に引きこもったときには，あなたがそれに気づけるかどうか見ていてください。気づけたら，私に言ってみてください」などと言うこと）。
- その文脈を説明すること。そして，過去にそれが必要だったときについて話し合い，過去と現在の違いを見つけること。
- クライエントが抵抗することなく，体験できるような状況を設定すること（たとえば，「あなたが怖いと感じたら，予約をキャンセルするかわりにぜひ私に電話して，怖いと言ってください。そして，予約のときにはその怖さを持って来てください」などと言うこと）。
- 最も重要なことは，耐えることである。今日の抵抗の中に，明日の洞察があるのだ。

キャンセルを取り扱う

　一般的に，心理療法家はキャンセルに対して，いら立ち，怒り，恐れ，または拒否を感じながら反応する。クライエントがキャンセルの電話をしてく

ると，私たちは価値を切り下げられ，無視されたと感じがちである。クライエントにとっては優先されるほど重要ではないのだ，と感じるかもしれない。こうした比較的よくある状況は，拒否，見捨てられ，そして恥といった私たち自身の感情を呼び起こすことがある。また，スーパーバイザーはどう思うだろうかと，心配にもなるかもしれない。さらに，個人開業であれば，キャンセルによる経済的損失をめぐって，怒りがわくかもしれない。

　私は，以下のような初心の心理療法家たちのレポートを数多く見てきた。クライエントがキャンセルしたとき，彼らの最初の仮説は，クライエントがセラピストは無能だと確信した，というものだ。キャンセルが彼らの恥を揺り動かし，そして彼らは内心では，クライエントは彼らを見捨てるという正しい選択をしたのだ，と感じるのである。このような場合，私たち自身の恥がこんなにも簡単に引き起こされるのなら，心理療法をすることがどんなに難しいかと考えがちである。こうして，キャンセルは私たちの問題になり，クライエントの防衛の問題ではなくなる。

　私はジョセフという名のクライエントを担当していた。彼はセッション前になると，予約の日か予約の時間に必ずキャンセルの電話をかけてきた。当初，私の一番の経験はいら立ちであった。私は，一定の決まった時間にクライエントに会うように日程を組んでいたので，こうした繰り返されるキャンセルは失礼であり，ほとんど虐待的だと感じた。私は，ジョセフが私と心理療法と私の時間を，価値下げしていると感じた。だが，ジョセフの深い内界に調律してみて，彼のキャンセルがさまざまなニーズに役立っていることが分かった。キャンセルは，面接と面接の間の私との命綱，彼の人生がいかにつらいと感じられたかを行動化する手段，さらには彼の力を発揮してコントロールしている感覚を感じる機会を，彼に提供していたのである。彼が心理療法に来ることを選択しても，まだ彼は，私が彼をコントロールしていると感じていたのだ。

　彼のプライベートな関係性においても，定期的に同じパターンが生じた。すなわち，間違ったり拒否されたりする可能性がほんの少しでもあれば，彼

は他者から引きこもったのだった。私が，彼のキャンセルを彼の接触とコントロールへのニーズに翻訳し続けていると，彼はニーズを行動化するよりも，むしろもっと心理療法に来て，それについて話し合えるようになった。その間にキャンセルの数は減っていき，私はジョセフに，彼が連絡を取りたいと感じたらいつでもメッセージを残しておくように，と勧めた。予約をキャンセルする電話をかけてくるクライエントは，どんな理由でも言える。人には，タイヤがパンクすることもあれば，渋滞に捕まることもあれば，会議が長引くこともある。しかし，たいていの場合，キャンセルはクライエントがあなたに何かを伝えるための手段なのである。あなたがそのクライエントについて学んできたことに基づいて，キャンセルを彼らの感情的意味に翻訳するよう試みるのがよい。キャンセルによって，そのクライエントが何を得て，何を避けるか，あなた自身に問いかけるとよい。それが，どのようにクライエントの防衛，歴史，今の問題と一致するのか，と。

　多くのクライエントが恐れるのは，あなたに依存的になることか，または，自分が苦しんでいて助けを必要としていると，あなたに思われることである。クライエントはあまりに面接が安全で快適すぎると感じ，依存的になるのを避けようとして，キャンセルするのかもしれない。あなたが良い仕事をしており，クライエントに信頼できて思いやりのある関係性を提供しているという事実こそが，彼らに面接をキャンセルさせ，治療に抵抗するようにさせるのかもしれない。もし，あるクライエントが，関係が始まるときには希望を感じても，その後，ただ裏切られて見捨てられるということを繰り返し体験してきたなら，心理療法の中で希望を感じることが，次には拒否されるという予測になり，不安の引き金になるだろう。心理療法家の中には，人が私たちにしてくれる前に人にしてあげなさい，と学んでいる人もいる。

　なぜクライエントが予約をキャンセルするのかを理解したいときには，以下の点を考えるとよい。

　　●前の面接で，何か（潜在的にでも）不快な話題が話し合われたか。

- そのクライエントは，心理療法中により心地良くなくなっていくように見えたか。
- そのクライエントは，心理療法中により心地良くなっていくように見えたか。
- そのクライエントは，あなたに依存してきているか。
- 直近の面接の間，あなたの気持ちはどうだったか。あなたはいつもと同じようにしていたか，もしくは気持ちが乱れたり，動揺したり，あなたの仕事に影響を及ぼしたかもしれない感じが何かあったか。
- そのクライエントは，今までどのように人と別れてきたか。今回の面接がなくなったことは，中断の前触れになる可能性があるだろうか。

中　断

　中断は，心理療法ではよく起こることである。クライエントはさまざまな理由で中断する。もし，クライエントに心理療法をする準備が整っていなければ，クライエントは心理療法にとどまろうとは思わないし，そうなると，最大の技術をもってしても，クライエントをつなぎ留めておくことはできない。面接室に入って来て，一目見ただけで二度と戻って来ないクライエントもいる。すべての中断を防ごうと考えるよりも，心理療法の準備が整ったクライエントをとどめておくことを学ぶべきである。

　ほんの2,3か月間だけ心理療法に通っていたクライエントが，「あのー，私はずっとやめることを考えていて，この感じについてあなたと話し合いたいんですが」と言ってくることはめったにない。一般的には，彼らはすでにやめる決心をしてから，あなたにそれを伝えるメッセージを残すだろう。もし，心理療法がクライエントの心の平静を乱すからという理由で，クライエントがやめようとしたなら，その状況を率直に話し合うことは難しいだろう。なぜなら，そのクライエントはその間，コントロールの感覚を保つ決断をし続けなければならないからである。心理療法が非常にうまくいくと，一部のクライエントは動揺し，慣れ親しんだ防衛による安全の中へと退避するだろう。

　これは普通に起きることなので，初期のうちに，私はクライエントに関係性の歴史と，過去にはどのように人と別れてきたかを聞くことにしている。人と別れる前にクライエントが何を考え，感じたか。そして，実際にどのようにしたかを理解することは，その個人の防衛，対処法，それに愛着のパターンを明らかにする。それはまた，そのクライエントが中断するかどうか，中断がどのように起きるかについての一般的な考えを，あなたに提供してくれる。最良のやり方は，クライエントがこれらのパターンに気づくようにし，それらが動き始めたら，クライエントからあなたに警告するようにしてもらうことである。

　トムは，感じの良い 35 歳の会社役員であったが，不安と孤独を訴えて心理療法にやってきた。初期のある面接で，私は彼の過去の関係性，すなわち，どのように始まり，どのような経過をたどり，どのように終わったかについて尋ねた。彼が述べたところによると，彼の関係性はどこか表面的であった。さらに，その関係性は，情緒的な親密さよりは，彼と彼のパートナーたちがお互いの生活の中で果たす役割と，身体的な魅力に基づいているように思われた。彼は，2 人のパートナーとの大切な関係のどちらにおいても，次第に誤解され，慣れが生じ，感謝されないと感じるようになったと説明した。彼はまた，両親には彼を理解したり，彼のニーズに応えたりする能力はなかったので，話しても無駄だったとも言った。

　この 2 人のパートナーとの関係性について言えば，パートナーが出張でいない間に，トムは家を出たのだった。パートナーが家に帰ってみると，トムと彼の持ち物がなくなっていたのだ。彼と接触した 2 人の女性たちは，何が起きたかを理解しようとして混乱した。トムはどちらの場合も，彼がいなくなったことで彼女たちがとても驚いたので，彼のほうが驚いたと説明した。彼は考えながら，「最後の数週間，私が身を引こうとしていたことが，彼女たちには分からなかったんでしょうかね？」と言った。

　私の予測では，治療中，私のミスや共感不全が彼に経験されるだろうが，名づけられることはないだろう。彼は悪い感じをため込み，私を能力不足だ

と判断し，そして簡単に私の目の前からいなくなるだろう。私は3回目の面接でこの考えを伝え，かなり詳しく話し合った。彼は，これは興味深い仮説だが正しいとは思えないと考えた。トムは私に，ここは治療関係であり，私は彼にうまく寄り添っているので，彼が心理療法をやり遂げる前に中断するなんて絶対に考えられない，と断言した。さらに，彼が過去に人と別れたことにはそれなりの理由がたくさんあり，それらはパートナー側の問題であって，私はその2人の女性とは似ても似つかない，と続けた。

　週1回の面接を続けた2カ月後，トムは何かが変わってきたと報告した。胃痛と悪夢が始まったと言うのだ。彼は，心理療法で自分が成長しないので私が失望している，と確信していた。私は，そのような感じは持っていないし，彼の身体症状と悪夢は私たちの関係性の中で喚起されている感じと関連があるかもしれない，と請け合った。彼の父親は，彼が幼児の頃に殺されていた。それで私は，彼の私への親密感が，彼の悲嘆と喪失の感情的記憶を活性化していると感じていた。私たちの間で発展している絆が，私を失うかもしれないという恐れを癒すことから身を引くための，引き金になってしまったのである。

　トムは，治療の9週目に来て，終結を決心したことを私と共有した。万が一，終結についての考えと感じが彼の見捨てられるパターンと関連するのであれば，その考えと感じを取り扱おうと提案したら，彼は静かに座り，私をじっと見つめた。彼に何を考えているかと尋ねると，怒ってこう答えた。「私だって，自分の心理療法家を選んでいいでしょ！」。彼は，まるで自分自身の声を聞けば落ち着くと気づいたかのように，この言葉を何度も繰り返した。話し合いを試みたが，すべてが操作として体験され，怒りがつきまとった。トムはどんどん重圧に押しつぶされそうになってきた。彼は，気遣われすぎ接近されすぎることから自分自身を守るために，逃げなければならないと感じたのだ。このケースでは，私たちの関係性は，望んだものとは異なる失敗した関係性になっていた。運良く関係終結のパターンを同定することで，クライエントが洞察を得て，中断の繰り返しを避けられることもある。もしトム

が，誤解されているという彼の感じを共有したなら，何が起きただろうか。もしそうできたら，そのときの心理療法への彼の反応を，父親の喪失に結びつけることができたかもしれない。そして，これらの感じを私たちの関係に転移したことを，彼は意識化できたかもしれない。トムはこうした過程を理解し損ねたまま，自分の感じとして，過去から続く痛ましいドラマの繰り返しに対抗しようとして，私たちの関係性に反応したのだと確信していた。

　クライエントの関係性の歴史について考えるときは，以下のような基本的な点に注意を払うとよい。

- 感情的・行動的ドラマの諸段階を明確にし，詳しく記述すること（思考，感情，行動の継起を記述すること）。
- 感情と行動の継起をはっきりさせること。
- 引きこもる／終わらせる過程の初期のサインに注意を怠らないこと。
- そのサインについてクライエントと話し合い，次に何が起こるかを（仮に）予測しておくこと。
- 過去のパターンの行動化にかわる方略を提案すること。
- 以前の状況における似たような感情の記憶を，想起させるよう試みること。

　心理療法過程は，反復するパターンを漸進的な思考と感情の諸段階に分けることを，助けてくれる可能性がある。これらの内的過程におけるさまざまな段階を意識化することによって，クライエントは繰り返される継起に気づき，それを阻止する能力を増大させる。心の準備ができたクライエントと関係性のパターンを調べ，その活性化を予測することは，洞察を増やし，中断を減らすための有用なツールになりうる。だが，クライエントがこの種の感情的嵐を切り抜けるのに必要な視点と成熟を獲得するには，長い年月と，このパターンを何回も繰り返すことが必要だろう。

クライエントを追い払いたくなる

　心理療法家がクライエントを「追い払おう」と空想したり，その方法を考え出したりするということは，普段からあることではない。こうした衝動は，そのクライエントの人生についての重要な細部を忘れたり，そのクライエントがキャンセルの電話をしてくることを望んだり，他の心理療法家に紹介すると空想したり，という形をとる。こうなったときには，そのクライエントを紹介するべきかどうかを考えるのが道理にかなっている。たぶん，そのクライエントは，あなたが共に作業すべく訓練されてはいない問題を持つか，あなたの逆転移反応が強すぎるか，あるいは，単に人格面での葛藤があるとあなたが感じているかのどれかだろう。

　クライエントへの強い逆転移反応は，他へ紹介する立派な理由になりうるだろう。クライエントの中には，私たち自身の生活の中にいる手に負えない人物を思い起こさせる人もいるし，私たちの中にある膨大な量の感情を掻き立てる症状を持つ人もいる。良い教育分析とスーパービジョンがあれば，逆転移反応を，クライエント個人の成長と有益な心理療法経験とに変化させることがしばしばできる。また別の場合には，（特に治療初期の）強い逆転移反応が，紹介という賢明な決断に導いてくれるかもしれない。

　クライエントを他の心理療法家に紹介する際には，逆転移とは関係がない，多くの他の理由がある。いくつか例を挙げよう。

- そのクライエントの心理学的困難が，あなたの訓練やスーパービジョンのレベルを超える場合。
- そのクライエントの悩んでいる症状が，特異的な治療法の専門家（たとえば，恐怖症やポストトラウマティック・ストレス障害を専門とする認知行動療法家）によって援助されるのが最良であるような場合。
- 心理療法を妨げる可能性がある，利益や二重関係をめぐる相当な葛藤に気がついた場合（たとえば，あなたのクライエントが，あなたの夫

の上司と夫婦であることが分かるなど）。

●あなたとあなたのスーパーバイザーが，ある特定のクライエントを手助けすることができないと，純粋に確信するようになった場合。

　心理療法に両価性や恐れを抱くクライエントは，あなたに自分を追い払うようにさせようとするかもしれない。彼らは，あなたが自分たちを見捨てるだろうとおびえて，あなたを強制的に動かすことによって，この恐怖を終わらせる力を得ようとするかもしれない。クライエントは，面接を忘れるかもしれない，早くまたは遅く来るかもしれない，料金の小切手を不渡りにするかもしれない，飲酒して来るかもしれない，何週間もただ座ったままでいるかもしれない，さらに治療に無関心なままでいるかもしれない。このような，さらには数えきれないほどの他のやり方で，彼らは自分が見捨てられるようにするだろう。それをとても恐れているにもかかわらずである。彼ら自身が見捨てられるようにすることは，彼らが苦痛で必然的なこととして体験していることを，コントロールしようとする手段なのである。

　攻撃的で，批判的で，あなたを怒鳴りつけ，皮肉を浴びせてくるクライエントは，紹介や終結を懇願しているように見えるかもしれない。彼らの攻撃性は，自分たちが攻撃されるという予測によっても，動機づけられているだろう。攻撃は最大の防御という無意識的方略を持っているクライエントもいるかもしれない。不幸なことに，これは，この種の多くのクライエントにとっては，彼らを何度も繰り返し孤立したままにさせるような，自己達成的予言なのである。より深いレベルでは，彼らは，彼らの見捨てられ不安をあなたに感じさせようとしているのかもしれない。

　クライエントがあなたを手荒く扱うことで，終結させようと懇願しているように見えたときには，その理由をあなた自身に問うてみるべきである。なぜ，わざわざ戦うために心理療法に来るのか。このクライエントにとって戦う意味は何だろうか。これはある接触の形，つまり，彼らがあなたに手を差し伸ばして，接触できると感じる唯一の方法なのだろうか。このことは，育

児放棄され，理解されず，虐待されたと感じながら育ってきたクライエント
にとっては，しばしば真実である。怒りはクライエントの人生の中で，彼ら
から人々への唯一の架け橋なのかもしれない。

　クライエントの怒りはしばしば，あなたに依存したいという現実的な欲求
と，あなたが彼らの期待を裏切るだろうという恐れへの反応である。あなた
の中で生成されるまさしくその感情，すなわち，あなたの怒りとクライエン
トを追い払いたい感じこそ，クライエントがあなたに持ちこたえてほしいと
望んでいる感情なのである。つまり，あなたの冷静さ，成熟性，有用性を試
しているのである。あなたが自分の感情に耐え，クライエントの怒りを，接
触し信頼し愛されることへの願望と見なすとき，しばしばクライエントの怒
りはまさにそういうものに変化する。

料金について話し合い，受け取る

　ある同僚はよく，「お金は，おっかねえ」訳注†2 と言っていた。私はこれを，
面白味もなく音を繰り返しただけの，たわいもない洒落にすぎないと考えて
いた。しかし，後になって，彼が正しいと分かった。お金はおっかないので
ある。金銭は，私たちが生き延びていくための基礎であるのに，私たちはま
るで金銭は重要ではないかのように見なして，行動している。私たちは金銭
について話したり，私たちの富や名声を誇示したりしようとは思わない。私
たちはいくら稼いでいるかを人に話さないし，いくらかかっているかを口に
するのは下品なことと考えられている。金銭の対立が，離婚を生み出し，友
情を壊し，戦争を始めさせる。こんなふうなので，必然的に，金銭は心理療
法においても直面しがたいテーマとなる。

　多くのクライエントが，無料で診ると言われたいという，無意識的な願望
を携えて心理療法にやってくる。他者のせいで苦しまなければならず，さら
に癒されるために金銭を払わなければならないとは，とても不公平なことに

---

†2　原文は，"Money is funny." である。原文の意味のままに訳せば，「お金は奇妙なもの
　　だ」となるが，原文が洒落になっていることに意味がある文脈なので，こう訳した。

思える。ある人にとって，心理療法に金銭を払うことが，実際に侮辱し傷つけることになる。クライエントが「両親が私をめちゃくちゃにしたのだから，彼らに払わせてください！」と言うのを，一度ならず聞いた。多くの家族で，金銭と愛情が結びつけられているのである。

　片方または両方の親が，子どもと時間を過ごすことに没頭しすぎる家族と，注目する代わりに金銭と物を与える家族においては，このことが特に当てはまる。そこで育った子どもたちにとっては，金銭が愛情，個人の価値，自尊心の強力な象徴となる。心理療法の料金を払わないという企ては，セラピストを操作して，そのクライエントに欠乏している愛情と好意を提供させようとする方法の一つなのかもしれない。

　クライエントが料金を払うのと同じくらい，心理療法家もしばしば料金の徴収に両価的である。私たちは，金銭に葛藤がある家族で育っただろうし，そうでなくても，金銭，愛情，自己価値に関する他の問題があるだろう。多くの訓練中の心理療法家たちが，「人を助けるために心理療法家になったので，料金を払ってもらうのは照れくさいです」と言うのを聞いたことがある。さらに，私たちが自分自身の価値に確信がないかもしれないということと，料金を受け取ることは，治療上の重要な課題になる。

　私が個人開業した当初のあるクライエントには，心理療法の料金を払うのがとても難しい時期があった。私のほうも，彼が私に支払うべき料金について，彼に直面化するのが困難な時期であった。彼は数カ月間，一度も支払うことができず，小切手も不渡りで戻ってきたが，それでも私には，状況は今まさに好転しようとしていると請け合った。彼は料金の値下げには関心がなく，私は素晴らしい心理療法家なので，それに見合った料金が支払われるべきだと語った。彼は料金が安くなるクリニックに通うことにも，関心がなかった。なぜなら，そうすることが「彼にはふさわしくない」と感じていたからだった。私は，その話を持ち出すのが照れくさいだけでなく，彼の誉め言葉をスポンジのように吸収して，その間ずっと，未払いの請求書が何千ドルと溜まっていくのを許していた。数年経って彼は心理療法に来なくなり，私は，

彼が破産を宣告し，法律上彼は私への借金の返済を免除されたという通知を
受け取った。

　その後長年の経験を重ねた今になって思うと，金銭をめぐって話し合わな
いことが，このケースについてどれほど大きな失敗であったかが，はっきり
と理解できる。彼の膨大な請求書，未来の成功についての誇大的なプラン，
そして私への誉め言葉は，すべて彼の自己愛的防衛であった。私は彼の幻想
を，カーブで来ようが，ストレートで来ようが，シンカーで来ようが，すべ
て鵜呑みにしていた。もし，再びやり直すことができるなら，最初から料金
のことを取り上げるだろう。たぶん，彼の傷ついた自尊心と，彼が支払うこ
とのできる治療に現実的に目を向けていくことがどれほど必要であるかにつ
いて，話し合っただろう。

　また，料金に関する話し合いは，彼が取り組んでいた問題のより深い面へ
の窓も提供してくれただろう。それどころか，私自身が感じていたまずさと
経験のなさが，クライエントに悪影響を及ぼしている関係性を修復する方向
に導いてくれただろう。皮肉にも，彼はまさしく心理療法に相当する分を支
払ったのであった。ここ何年間で，私は料金設定をする際に，金銭をめぐっ
て話し合うことへの恐れを減らすことを学んできた。そして，支払いについ
て話し合った面接の終わりに，クライエントが立ち去ってしまう前に，彼ら
に支払いのことを確認するようになった。クライエントが料金を支払えない
と言ったときには，所得税の納税申告を提案して，もっと詳細に資金管理に
ついて話し合うことができるようになった。クライエントは初めこそ驚くが，
後になると，しばしば彼らの資金管理についてこと細かに私に語ってくれる
ようになる。こうしたタブーである話題について率直に話すことで，むしろ
心配が軽減されるように思われる。これらの問題をタイムリーなやり方で取
り上げるために，どれだけの期間，支払いなしで心理療法を続けるかという
基本方針を持っておくことは，たぶん良い考えである。おそらく，料金の払
い忘れについては，治療の順延や中止までに 1 カ月間の猶予を設けるのが
標準的だろう。もちろん，各々で状況は異なるし，裕福ではないクライエン

トを見捨てることもできない。基本方針は，特に抵抗のせいで支払っていないとあなたが感じるクライエントに，適用すべきである。治療が成功するためには，抵抗は直面化されねばならないのだから。

解釈する

　成功する心理療法とは，支持と問題に取り組むことの継続的なバランスによって作られる「安全な緊急事態」である。片方では，クライエントをしっかりと支えて励ましと強さを与え，もう片方では，剣を持ってクライエントの防衛と戦う。解釈を用いることは，私たちの最も有益な，剣で戦う技術の一つである。

　普段の会話では，一部だけ本当のことを言ったり，間違った信念でもって自分をごまかすのを聞けば，私たちは笑って型どおりのことを話し，次の話題へと移るものである。沈黙に対して解釈するようなことは，社会規範に反する。「沈黙するのは真実を扱えないからです，と言いたいんですね」と言えば，きっと活気のない会話の流れをさらに止めることになるだろう。社会的な会話の大多数は，「もしあなたが私に発言を求めないのならば，私もあなたにそうしない」という暗黙の合意の上で機能しているのである。

　解釈することは，本質的には，人に行動を求めることである。解釈は，無意識を意識化する試みである。その手段は，クライエントが信じていることに異議を申し立てる，抵抗と防衛に名づける，クライエントの意識的な気づきに対して新たな異議を申し立てるような情報を付け加える，の三つである。解釈は取り入れるのが難しいため，その量とタイミングが重要である。解釈するときには，以下の方略を考えておくとよい。

- 初めて解釈を思いついたときには，それをしないこと。辛抱強く，よく考えて，思慮深く聴き，証拠を積み重ねること。
- 解釈するときには，クライエント自身の言葉，イメージ，比喩を組み込むようにすること。

- あなたの解釈を拒否されることに対して，心の準備をしておくこと。
- 拒否された解釈を押しつけないこと。
- もしあなたの解釈が拒否されたら，後に備えて，それをあなたの心の奥にしまっておくこと。
- もしあなたの理解が正しいのなら，それを別のやり方で再び提供する機会が，すぐにやってくるだろう。
- あなたが間違っているかもしれない，ということを忘れないこと。

　解釈が深く胸に刺さったならば，クライエントにはそれを消化する時間が必要であることを忘れてはならない。正確な解釈は心的平衡への挑戦であり，クライエントの防衛によってそらされなければ，感情の解放をもたらす。つまり，解釈が防衛を意識化させると，防衛の効果が弱まり，防衛が抑制していた感情が解放されるのである。その証拠に，解釈が深く胸に刺さったときには，クライエントの表情が変わることに気づくだろう。たとえば，クライエントが意気消沈したり，悲しんだり，涙ぐんだりするだろう。こうなったら，言葉数を少なくし，支持的なスタンスにシフトしなければならない。こうした瞬間は，問題に取り組むことと支持の生きたバランスを保つうえで重要な鍵となる。

　スタンは，自分と子どもたちとの関係性が心配になって，心理療法に来た。彼の成人した息子も娘も彼とは話さず，彼はその理由を理解できなかった。彼が分かっているのは，子どもたちが彼に言ったことだけだった。子どもたちが言うには，スタンは自分たちのことで嫌な気分にさせるし，もうこれ以上，自分たちの生活をスタンの嫌味で「汚染」してほしくない，ということであった。「想像できますか！」とスタンは叫んだ。「私は彼らをこの世に送り出し，育て上げ，大学を卒業させたのに，今になって，私の何から何までが気に入らないなんて！」。治療の初めの 2 カ月間，彼はこのフレーズを繰り返し，ほとんど私に介入させなかった。

　初めの 3 カ月近くは，スタンは面接室に入ってくるなり，皮肉っぽくど

れくらい儲かっているかと私に聞いてから，面接を始めた。「私はすべてを
話し，あなたはそこに座っているだけ。そして，私はあなたに料金を払う。
あなたはここで，なんてひどい仕事をしてるんですか」。私は反射的に，彼
に次のように言った。あなたは決して私に会話に入るチャンスを与えなかっ
たが，私はすぐに，あなたの転移が動き出していることが分かった，と。彼
はたぶん，彼が子どもにしていることを，今私にしようとしたのだ。ここは，
私が料金をもらうチャンスだ。「よくぞ，このことをおっしゃってください
ました，スタン」と，私は言った。「あなたはここまで，奥さんと子どもさ
んたちについてはこと細かに話してくれましたが，実は私が知りたかったの
は，あなたの子ども時代と，ご両親とあなたの関係についてだったのです」。

　スタンは5人兄弟の1人として，服飾業界で働く両親とともに，マンハッ
タン南部で育った。生活はつらく，経済的に厳しく，彼の両親はほとんどの
時間，家業に専念していた。不幸なことに，彼の両親は家でも厳しい業界人
の役割をとっており，子どもたちをまるでライバル会社のように扱った。ス
タンは，自分自身を強くし，ビジネスマンとして成功を収めた。彼は，相手
の気持ちを無視して対立し，他人の弱点を攻撃するというやり方で，家族内
コミュニケーションのしきたりを守り続けたのである。彼は，スポーツで失
敗したり試験でBを取ったりして，両親から何回も恥ずかしい思いをさせら
れたにもかかわらず，どれほど両親からの優しさを切望していたかを，思い
出すことができた。それからというもの，彼は私に，どれほど彼と彼の兄弟
が，対人関係上の困難，実質的な虐待，不安と抑うつを体験してきたかを語っ
た。

　彼が解釈に耐える力があるかどうかを見るために，私は，面接の初めに私
がどれくらい儲けているかと彼が尋ねることが，彼の両親が彼に対峙すると
きのやり方ではないか，と示唆してみた。彼はかすかにほほ笑むとこう言っ
た。「まったく違いますね」。なので，私は試しに，彼が私にするようなやり
方（それはたぶん，彼の両親が彼にしたようなやり方でもある）で，子ども
たちを扱うときがあるかどうか尋ねてみた。私はスタンの表情を見て，彼自

身の幼少期と彼に対する子どもたちの体験とを，彼が今まさにつなげている
と伝えることができた。子どもたちとの間で，彼が彼自身の幼少期の苦痛を
再創造していたという認識は，衝撃的であった。彼は黙って床を凝視し，彼
の目は涙であふれていた。もうこれ以上の解釈は必要なく，できる限り支持
的にするべき時が来たのだ。

　その後，親たちがどのようにして，良かれと思って，苦痛を自分自身の幼
少期から自分の子どもたちへと手渡すのかについて，私たちは話し合った。
私は彼に，一緒に心理療法をしたことで，私たちが彼の行動のいくらかを変
えることができたことと，彼の子どもたちと孫たちとの関係性における彼の
苦痛のいくらかを癒そうとする試みもできたことを，請け合った。こうして，
このわずかな期間で，私は問題に取り組むスタンスから，優しく支持的なス
タンスへと移ったのである。もし私が，防衛を伴ったスタンの当初の敵対に
反応していたら，彼は私に無能な意気地なしのラベルを貼り付けただろう。
転移を理解し解釈することによって，彼の子どもたちの感情体験を彼自身の
感情体験に結びつけることができた。このことは，スタンが大事に思う人に
関わるスタイルが，批判的なスタイルから共感的なスタンスへと置き換わる
可能性を生み出した。

　覚えておいてほしいのは，防衛は攻撃されると強さを増すということだ。
重要なのは，転移を和らげ，防衛的にさせずに，今まさに動いている感情的
過程だとあなたが考えていることを解釈することである。ケアと忍耐は，常
に強さと攻撃性をしのぐのだ。また，あなた自身に対しても忍耐強くなけれ
ばならない。あなたも，解釈が上達するには時間がかかるだろうからである。
要するに，それは極めて複雑で繊細な過程であり，多くの実践を必要とする
のである。

第9章　嵐の目の中で：心理療法家の課題

> もし地獄の中を進んでいるのならば，そのまま突き進め！
> 　　　　　　　　　　　　　　　　　　　—ウィンストン・チャーチル

　嵐の目とは，混沌と混乱の中心にある穏やかな場所のことである。あなたは，あなた自身の中にある穏やかさと冷静さを通して，クライエントの嵐の目となるのだ。冷静になることは大変困難なことである。他人の嵐に直面しながら冷静であり続けることは，さらに難しい。仏教徒が言うように，山頂で悟りを開くことは簡単でも，それを俗世間で行うことは困難なのである。

　これまでの章で，冷静であり続けるという課題については，いくらか検討した。心理療法家であることの内的体験の次の重要な側面は，私がシャトルすること（shuttling：往復すること）と呼んでいるものである。シャトルすることとは，あなたの体験のさまざまな側面に注意を移動させていくことによって，あなた自身とクライエントを持続的に探索し続けることである。それは，あなた自身の内面にある意識（awareness）が，いったんクライエントまで行き，そして再び戻ってくるというように，動くことである。あなたは，面接の間中，あなた自身の中で，あなたの空想，身体状態，直観をモニターしながら，あなた自身の思考と感情の間で注意をシャトルさせている。私はこれを，私の頭の中へとシャトル・アップ（shuttling up）し，私の身体の中へとシャトル・ダウン（shuttling down）^{訳注†1}する，という言葉で考えている。心理療法家とクライエントの関係の中では，あなた自身の視点，あなたがクライエントの視点はこうだろうと想像するもの，そしてクライエ

---

†1　シャトル・アップは，シャトル（往復すること）のうちの上昇する動きを指し，シャトル・ダウンは，シャトルのうちの下降する動きを指す。日本語になりにくいので，カタカナ表記にした。

ントの内的世界で進行していることについてのあなたの最も妥当な推測の三者の間で，あなたは注意の焦点をシャトルさせている。あなた自身からクライエントにまで行き，再びあなたへと戻ってくるというシャトルについて，想像してほしい。

シャトルすることを，開かれた探索だと考えると良いだろう。それは，潜在的に価値のある情報にずっと注意を払いながら，あなたの意識の焦点を，あなたの身体を通してクライエントへと移動させることである。その情報は，アイデア，視覚的イメージ，身体感覚，感情，あるいは記憶など，いろいろな形で現れる。だから，あなたが気づいたことは何でも，そのときの意識的考慮の対象になりうるのだ。そのとき，開かれた心で探索し，かつ，あなたが気づいたかもしれないと思うことに執着しないことが，極めて重要である。あなたが気づいたことには，意味があるときもあるかもしれないし，そうでないときもあるかもしれないからである。

ちょうど先日，私は，自分のすべてがうまくいっていると話す，若い男性の前に座っていた。ジャックは，仕事での昇進，つきあってきた女性たち，そして長期的に取り組んできたフィットネスの目標を，どのようにうまく達成したかについて述べた。彼の幸運を微笑みながら聞いていたら，私は自分が泣きたいと感じていることに気づいてきた。最初はアレルギー反応かと思ったが，私の顔と目の感じは，心からの悲しみにつながっていたようだった。

ジャックが話している間，その感じが続いていたので，私はそれを彼と共有することにした。私は彼にこう言った。「あなたが，こうした本当に素晴らしいことすべてを私に話してくれていることは分かっていますし，とても嬉しいです。なのに，あなたの話を聴いて，私は悲しくなっています。そのことについて，共有したいのです。これが私の感情なのかあなたの感情なのかは分かりませんが，あなたが思っていることを理解するために，あなたと共有したいのです」と。私が話すと，彼は静かになった。そして私は，彼の目がわずかに濡れてきていることに気づいた。しばらくすると，彼は，心の

中で悲しみと空虚感を感じていたこと，そして自分の成果に注目することで気を紛らわせていたことに，突然気がついたと話した。私自身の身体で体験した感情に名前を付けることで，ジャックが自分の感情を感じ，それに対する防衛に気づくことを手助けできた。これが，防衛が緩んで弱くなる転換点となり，彼は感情的な苦闘について私に話し始めた。

　私たちと他者の経験においては，根本的な弱点が二つあるので，その間をシャトルすることが必要不可欠である。第一に，感覚，感情，身体状態は，意識から切り離す（解離させる）ことができるということである。第二に，私たちは，数多くの無意識的なやり方で，お互いに影響しあっているということである。この二つの過程は，親密な関係性の中で起こっていることについて，その瞬間ごとに理解することを，極めて複雑なものにしてしまう。心理療法を成功させるには，私たちの頭と心，精神と身体，そして知識と本能を使う必要がある。なぜなら，これらはすべて重要な情報源になりうるからである。

　他のすべての探索行動と同様に，シャトルすることも，不安に直面すると停止してしまう。動物が捕食者の気配を感じた瞬間を思い浮かべるとよい。そのとき動物は，固まり，危険の源を評価し，戦うか逃げるかの準備をする。心理療法が感情的に責められるようになると，心理療法家はシャトルする力を失う危険にさらされる。シャトルするには，冷静さ，穏やかさ，そして柔軟性が必要なのである。

あなた自身とクライエントの間をシャトルする

　私たちの社会的情報への関心は，噂，伝記，有名人の載った雑誌の人気の高さに示されている。霊長類は，ボディ・ランゲージ，表情，アイコンタクトを通して，他者の行為と意図を解釈するための，精巧な脳のネットワークを持っている。他者評価には長い進化の歴史と複雑な神経構造があるのに対して，自己認識はもっと最近になって進化してきた。このことは，他者についての私たちの経験の中に，自分自身を見出すという私たちの傾向だけでな

く，どこまでが私たちでどこからが他者なのかということが時々不明確になる理由についても，説明してくれるかもしれない。

　クライエントに解釈していると，まるで自分が投げたボールがブーメランだったと分かったかのように，それがどれだけ自分にも当てはまっているかに，衝撃を受けることがよくある。このようなことが生じているとき，私は，「私は誰について考えているのだろうか。クライエントのことなのか，私自身のことなのか。私は彼を見ているのだろうか，それとも私自身の投影を見ているのだろうか」と疑問に思う。完全に疑問が解けることは，決してないだろう。私たちの脳が情報を処理する仕方を考えると，私たち自身の内的世界に影響を受けずに，純粋に他者を知ることは決してできない。私たちが知っているすべての人が，部分的には，私たち自身の反映なのだから。他者についての私たちの経験に多くの投影が含まれていることを考えると，自分自身の問題を解決するために無意識にクライエントを利用するのも，当然と言える。こうしたブーメラン的な解釈が生じたときには，クライエントの苦闘に関連するあなたの人生の問題に，注意を向ける必要がある。あなた自身の過程に対する洞察が深まったならば，元に戻って，クライエントの問題に対する自分の見方を見直すとよい。この，いったん後退してから前へ進む過程は，他者の中に自分自身を見るという私たちの自然な傾向に対抗するために，必要なことなのである。

　共感はしばしば，同情，思いやり，感情的な共鳴と混同される。これらはすべて，親密な関係における重要な側面ではあるが，共感だけやや異なっている。共感とは，クライエントの内的な状態に関する仮説，あるいは知識や経験に基づいた推測なのである。それは，あなたの対人感受性と対人関係スキルに基づいた観察方法であり，そこには，あなたが感じていることについて考える能力も組み合わされている。あなたの感情と想像力を最大限に活用して他者の体験に身をひたし，その後，知識と訓練に照らしてあなたの体験を意識的に検討するのである。

　かつて私は，統合失調症の母を持つ，マイケルという大学院生のスーパー

ビジョンをしていた。彼は私に，父親が仕事に出かけると，母親は毎日彼の
おもちゃを集めて彼女の部屋に持って行き，後ろ手にドアを閉めていたと話
した。母親は部屋に鍵をかけて，彼は独りぼっちで毎日を過ごしていた。そし
て，父親が帰宅する前に，母親は部屋から出てきて，マイケルのおもちゃ
を元に戻していたのだ。母親は父親に，マイケルとその日を一緒に過ごした
と偽って，彼女とマイケルがゲームなどをして楽しんだと話した。マイケル
は，日中は恐ろしい孤独の中で過ごし，夜は日中の話が出てこないことに困
惑しながら過ごしていた。彼は，父親に本当のことを話そうとしたが，信じ
てもらえなかった。彼が私に幼い頃の生活を話したとき，私は彼の苦痛，恐
怖，混乱を想像した。私は，母親の部屋のドアを壊しておもちゃを取り返し
たり，父親に確かな証拠を見せるために，カメラやテープ・レコーダーを設
置したりする空想を抱いた。

　彼の経験に身をひたしていたら，私は痛々しい怒りの感情に傷つきそうに
なってきたので，そのことについてマイケルと共有した。カメラとテープ・
レコーダーを使って，彼の母親を「やっつける」私の作戦を聞いて，彼は笑っ
てから泣いた。彼は，彼の母親に対する私の怒りに驚いた。なぜなら，彼は，
自分の恐怖，哀れみ，忠誠心にしか，気づいていなかったからだ。彼の経験
に対する私の身体的・感情的反応は，彼が感じないようにしていた怒りの感
情があるかもしれないという，仮説を生み出したのである。

　マイケルは，母親の虐待行為に直面して，自分がいかに無力だと感じてい
るかをすぐに自覚した。彼はさらに，母親に服従しない場合の母親の反応を
ひどく恐れていたため，怒ることは考えもしなかったことも理解した。私と
これらの経験を共有し，彼の内的世界に関わることができたことが，私たち
の治療同盟の基盤となった。第 12 章ではマイケルの話に戻って，彼の子ど
も時代が，初心の心理療法家としての彼の仕事に，どのような影響を与えた
かについて検討する。

心と身体の間をシャトルする

　人間は，意識的な気づきのレベル以下で，お互いに情報を送受信する繊細な手段を備えた，複雑な社会的動物である。私たちはこのコミュニケーション経験を，「第六感」「雰囲気」，あるいは「直観」と呼んでいる。たいてい，このコミュニケーションに直接触れることはできないが，これは，私たちの感情，身体感覚，思考，夢，空想に影響を与えることがある。シャトル・ダウンすることによって，私たちは自身の内的世界に触れ，それをクライエントに関する潜在的な情報源として利用できるようになる。

　シャトル・ダウンするには，思考の領域から感情と身体の状態へと，注意を移動することが必要となる。私がシャトル・ダウンするときには，胸と腹に集中して，私が感じているかもしれない緊張，恐怖，憧れ，悲しみ，むなしさに気づくよう努力する。そして，意識的で合理的な自己へとシャトル・アップすると，自分自身とクライエントの中で起きていることを通して考えられるようになり，自身のケースの見立てや治療計画を改めて自覚でき，自身の身体で経験していることについてどのように考えるかを，判断できるようになる。

　シャトル・アップする場合でも，シャトル・ダウンする場合でも，それはクライエントが話していることに注意を向けている間に行われる，現在進行中の過程でなければならない。ここで，シャトルすべきときのヒントをいくつか挙げておく。

　次のようなときに，シャトル・ダウンする。
- 数分間，シャトル・ダウンしていないとき。
- クライエントやあなた自身から，感情的に切り離されていると感じるとき。
- クライエントの話す内容によって，絶えずわけが分からないか混乱していると感じるとき。

- ●気が散っていると気づいたとき。
- ●クライエントが，言葉では表現できない感情を体験していると，感じたとき。
- ●解釈が拒否されているとき。

　次のようなときに，シャトル・アップする。

- ●数分間，シャトル・アップしていないとき。
- ●不安，迷い，混乱を感じるとき。
- ●もしあなたが，恐れを感じたり脅かされていると感じていたら。
- ●緊急事態に対処する必要があるような危機的状況。
- ●空想，記憶，感情が湧き上がってくることに気づいたとき。

　数年前，私は 40 代半ばの男性の学生と教室でロールプレイをした。私たちはセラピストとクライエントを演じ，いくつかの治療技法を実際に演じてみせた。話しているとき，彼の言っている論理を理解するのが難しいことに気がついた。彼の文章は文法的には正しいが，全体的なコミュニケーションには一貫性が欠けていた。そのため，私は彼についていけなかったのだ。自分自身をチェックして逆転移の明確なサインを探してから，身体の中に何があるのかを確認するためにシャトル・ダウンした。私の意識が胸と腹のほうに下降していくのを想像したとき，私は締め付けられ，ほとんど窒息しそうに感じ始めた。呼吸が困難になり，身体がその場で固まったように感じた。そのとき心に浮かんだイメージは，自分は古い木製の樽であり，いくつかの金属の輪で結束されているというものだった。輪に締め付けられるように感じたが，それがなければ，私がバラバラになってしまうとも感じた。

　「クライエント」が話し続けている間，私は，身体が提供してくれたイメージについて考えるために，シャトル・アップして頭のほうへ戻ってきた。一呼吸おいて，私は彼に樽のイメージを共有してよいか尋ねた。彼はそれを聴くと，ゆっくりと涙を流し始めた。ようやく話すことができるようになると，

彼は，婚約者が1カ月前に飛行機事故で亡くなったと私たちに話した。彼は葬式以降，霧の中を歩き回っているような状態であり，かろうじて自分を保っていると言った。彼はできるだけ活動性と社会性を保つことで，彼女の死という現実を避けていたのだ。この時点で私は，彼の言葉が意味を持っていないと考えた。なぜなら，彼の言葉の目的が，コミュニケーションではなく，私たちの目を彼の痛みからそらすことだったからである。彼は，そのような残酷で無意味な世界について，はっきりと考えたくはなかったのだ。彼は感情を言葉にするために私を必要とし，そうすることではじめて，自分の感情に対処しはじめることができたのではないかと，私は考えている。事実，授業で私たちが一緒に行ったことが，彼の悲嘆過程^{訳注†2} の始まりだったと，後になって彼は私に話してくれた。

　シャトル・ダウンすることから生じる感情とイメージに心を開いておくことで，私は，多くの場面でこのような洞察を得ることができてきた。それでもまだ，クライエントと何か関係があるのか，それとも単に自分の問題を反映しているだけなのかが，私には確信が持てない。上述した例にしても，樽になった感じを，言葉でもって私をコントロールしようとする人に罠にかけられた感じ，と解釈することもできたはずである。私は，私自身の想像力の産物として，これらのイメージをクライエントと共有し，それらを受け入れるか，拒否するか，修正するか，あるいは無視するかどうかは，クライエントに任せている。あきれた表情をして，そのまま先に進んでいくクライエントもいれば，逆に，私が共有したものをすぐに自分のこととして感じるクライエントもいる。大切なことは，見つけたものすべてに執着することなく，もし治療過程に役立たないのであれば，そのままにしておくことである。

---

†2　「悲嘆」は，大切な人と死別したことによる衝撃，あるいはその衝撃からくる心理的・身体的・行動的変化を指す。この悲嘆を受け入れて，大切な人が亡くなった後の人生を歩み始めるまでの過程を，「悲嘆過程」と言う。

注意散漫・退屈・疲労から学ぶ

　心理療法の最中，私の心はクライエントから簡単に離れてしまう。ときには，気がついたら新車の購入や，夕食に何を作るかを考えていることもある。別のときには，私の思考が，人や場所や一見無秩序な記憶の間を漂っていることもある。これらの思考には，何の意味もないのかもしれない。しかし他方では，それらは逆転移の表れであるかもしれず，全面的に私に関することなのかもしれない。足が痛くなったり，疲れたり，イライラしたり，治療関係以外の何かに気を取られたりすることもある。こうした無秩序な思考は，クライエントや私たちの関係性について，何か重要なことを私に伝えようとしているのかもしれない。

　また，面接中に，ほとんど何も考えていないことに気がつくこともある。その面接の責任を負いたくないときや，私が積極的に関与することなく，私たちの相互作用をクライエントが進めるままにしようとするときに，私は「その場から離れる（check out）」ことがある。それはしばしば，私が，クライエントの言葉から感情的に距離をとることで，クライエントの防衛と共謀したことを意味している。

　面接中に気が散ったり，退屈であったり，疲れたりしたときは，何らかの逆転移の表れを探索するために，シャトルを始めるべきである。まず，頭のほうから始めていき，あなたにそのように感じさせている心理療法以外の理由について，じっくりと考えてみる。次に，身体へとシャトル・ダウンしていき，あなたが怒っているのか，傷ついているのか，失望しているのか，イライラしているのかどうかを探り出す。もしシャトル・ダウンする過程の中で，怒りや傷つきの感じに気づいたなら，それらの感情を引き起こすようなことをクライエントがしたかどうか，あなた自身に問うべきである。「クライエントが最後の2回の面接をキャンセルしたり，私の最後の解釈をはねつけたりしたことで，私は本当に悩んでいるのだろうか」「私の気が散っているのは，このクライエントから離れる一つのやり方なのだろうか，それと

も，クライエントが私に感じさせたやり方に対する，ある種の罰なのだろうか」と。

　一部のクライエントは，極めて退屈でつまらない詳細を話したり，あるいはコミュニケーションからすべての感情を排除したりすることによって，私たちに彼らと同じくらい感情的に切り離されたように感じさせることができる。この私たちの反応は，私たちが自分自身の感情から離れたままでいる間は，クライエントも彼らの感情から離れたままでいられるという，共謀的防衛なのかもしれない。私が面接中に疲労を感じるときはいつでも，クライエントは普通，ほとんど影響を示さないということに私は気づいた。もし，私が停滞した状態から早く抜け出して，クライエントの感情を何とかして活性化できるのなら，すぐにでも目を覚まし，意識をはっきりさせて，心理療法に取り組むだろう。クライエントの無意識は，私たちをクライエントの内的世界との感情的な共鳴に誘い込むことができる。こうした潜在的に強くつながる力は，私たちの記憶，心理療法のオリエンテーション，臨床的判断に，深い影響を与える可能性がある。クライエントが与える嵐の中に私たちを誘い込むような影響は，治療過程にとって極めて重要な情報を提供してくれる。十分な客観性と距離を保ちながら，複雑で原初的なコミュニケーションを受け取るのに十分なほど関与することは，心理療法家として行うべき繊細なバランスをとる行動の一つである。

マストに縛り付けられて

　オデュッセウス[訳注†3] がセイレーンの島を通過するときに，船のマストに自分を縛り付けたことを，覚えておられるだろうか。彼は，セイレーンの声があまりに魅力的であるために抵抗すらできず，岩礁の中へと舵を切り，跡

---

†3　「オデュッセウス」は，ギリシャ神話の英雄の1人。ホメーロスの叙事詩『オデュッセイア』の主人公。「セイレーン」のエピソードも，『オデュッセイア』の中に収められている。セイレーンは海に住む妖精で，近くを通る船の船員を歌で誘惑し，自分のいる岩礁に座礁させると言われている。

形もなく破壊されるだろうと警告されていた。「マストに縛り付けられている」ことは，圧倒的な誘惑に対抗するために必要な助けとなるもののメタファーとなってきた。心理療法においては，クライエントによる無意識的操作の声に対抗できるかどうかは，私たちのロープとなるべき，訓練，自己洞察，自己コントロールにかかっているのである。

　クライエントは，幾度となく実行されてきた関係パターンを携えて，心理療法にやって来る。そして，あなたに，彼らのドラマの中心的な役割を演じるように誘惑してくるのである。彼らが暴力の被害者であったのならば，あなたに彼らを虐待させるように意図されたような行動をとるだろう。彼らが依存的であったのならば，あなたに責任を負わせようとするだろう。もしクライエントのアイデンティティが拒絶の歴史に基づいているのならば，そのクライエントはあなたに拒絶させるようなことをするだろう。こうした反復される対人関係の力動は，理論的な観点によって，愛着スキーマ，反復強迫，暗黙の記憶[訳注†4]などと，呼ばれている。

　心理療法家としてのあなたの課題は，クライエントの演じるドラマをかわしながら，理解，調律，共感を通して彼らとつながることである。あなたはその再演に共謀することなく，彼らのドラマを目撃し，理解し，解釈するのだ。クライエントのドラマがあなた自身のドラマと共鳴しているほど（そして，あなた自身の無意識過程についての洞察が少ないほど），あなたは脆弱になり，あなたとクライエントに共通する幼少期の，退行的で相互作用的な再演に参入することになるだろう。

　過去の関係性の再演は，新しい種類の関係性を持つというリスクからクライエントを守るための，抵抗の一形態として理解できる。脳は，どんなに痛みを伴うものであれ，過去の対人関係パターンは乗り切ることができると学

---

†4　幼ない頃の親との関係性が，その後の親子関係以外の対人関係でも繰り返される現象を，古典的精神分析では「反復強迫」と呼び，認知行動療法ではそういう対人関係の認知的枠組みという意味で「愛着スキーマ」という用語を用い，乳幼児精神医学や間主観性精神分析では「暗黙の記憶」（第2章訳注†2を参照）と呼ぶ。

習したので，今後もそれを繰り返していく。私たちの脳の奥深くにある原初的な生き残るためのネットワークは，知らない悪魔よりも知っている悪魔を好むのである。

言葉の誘惑

　時々，クライエントは人生にあまりに圧倒されて，孤立という亀裂に陥り，話せなくなる。こうしたクライエントに手が届くようにするには，彼らと共にその亀裂の中に降りていき，彼らが声を取り戻すのを助ける必要がある。しかし，それよりも頻繁にあるのが，クライエントが個人神話，家族神話，解釈，合理化で埋め尽くされた言葉を，次から次へと連発することである。このようなクライエントは，どのように自分自身を見ているのか，何が間違っていたのか，自分の不幸の責任は誰が負うべきなのかを説明するが，そのストーリーには，矛盾，デマ，歪曲，いくつかの紛れもない嘘が含まれている。このようなクライエントは，そのストーリーに執着しているだけでなく，彼らのアイデンティティがそのストーリーによって主に作られ，維持されているのである。

　初心の心理療法家に共通する失敗は，言葉の連発を，開示しやすさや傷つきやすさと取り違えることである。クライエントに話してもらうことで，気まずい沈黙から私たちを救うことによる安心感は，その内容がどのような防衛機能を果たしているのかについて考えることを，忘れさせてしまう可能性がある。面接初期では，クライエントの話す内容が理解されようとする偽りのない試みなのか，それとも分かりにくくして混乱させるように仕組まれた巧妙な煙幕なのかは，決して分からない。表面的に深いということは，クライエントが深く表面的なままでいることを可能にするのだろう。

　初心の心理療法家は，良かれと思って，クライエントが発するすべての言葉についていこうとする。だが，彼らの論理についていき，彼らの話のつじつまを合わせるのは，苦労するものである。言葉を連発するクライエントについての私の経験では，それは，部屋中をひどく興奮して全速力で走り回っ

ている野生の馬を，素早くかわすようなものである。このような状況で議論をしようとするのは，その馬のたてがみをつかんで，猛ダッシュしたまま引っ張り回されるのに似ている。言うまでもないことだが，必死に言葉にしがみつきながら冷静さを保って心理療法を導くことは，ほぼ不可能である。

　論理的に考え，明確に世界を見ることは危険であると，幼少期に学ぶ人もいる。これは特に，虐待，依存症，ネグレクトとともに育ってきた人々に当てはまる。彼らの散漫な注意と言葉の使い方は，現実を明確に経験しないために形成されてきた。この防衛戦略から生じる失見当識[訳注†5] や無秩序は，彼らが心理療法にもたらす嵐の一部である。このような状況では，あなたの困惑や無感覚や「その場から離れること」が，クライエントに関する重要な手がかりになるかもしれない。これは，彼らが感じていることかもしれないし，あるいは，彼らが安心するために，あなたを無感覚にさせたり困惑させたりする必要があるのかもしれない。

　あなたが言葉という野生の馬を捕まえた証拠は，いくらあなたが頑張ってみても，クライエントが何について話しているのか理解できない，ということである。あなたが基本的には知的な人であり，かつ，クライエントの言うことに何らかの著しい逆転移反応を引き起こしていないのなら，クライエントの論理についていけるはずである。心理療法家として，「誠実な努力をしても何も理解できないのなら，言葉が極めて重要な情報を隠している可能性が非常に高い」と考えるだけの十分な自信を，あなたは持たなければならない。

　あなたの混乱を，クライエントの防衛を知る手がかりとして利用し，以下のことを試すとよい。

　　●クライエントが今話したことを，繰り返してもらう。

---

†5　自分のいる時間・空間や周囲の人を，認識できなくなること。「見当識障害」とも言う。ここでは，話の文脈が見失われることを指すと思われる。次の「無秩序」も似たことだろう。

● あなたが理解するのを，クライエントに手助けしてもらう。
● あなたが感じていることをよく調べるために，シャトル・ダウンする。
● クライエントが言いたくないかもしれないことや，感じたくないかもしれないことは何かと，あなた自身に問いかけてみる。
● 逆転移の可能性をよく調べる。
● スーパービジョンを受ける。

　私はクライエントや学生に，「あなたの論理についていけません」と何度も言ってきたが，それに対して，彼らはしばしば「そう言われたのは初めてではありません」と答える。彼らは思いやりのある他者との関係を通してのみ，自分の非論理性を検討することができ，その理由を探索することができ，そして，自分の思考過程をモニターしはじめ，組織化しはじめることができるのだろう。

会話は少なめに，発言は多めに

　絶え間なく続く言葉は躁的防衛の役割を果たし，苦痛なあるいは不安を引き起こすような感情から，私たちの目をそらす。両親に寝るように言われたときに，耳をふさぎながらハミングをする小さな子どものように，私たちは自分自身の言葉で不快な現実をかき消すことができる。クライエントが言葉の連発の陰に隠れている状況では，会話を少なくし発言を多くするように彼らを手助けすることが大切である。まずは，私たちが同じ防衛を行わないことが必要であり，そうしなければ，面接が「懇談会」に変わってしまうだろう。クライエントに三つのメッセージを伝えるようにしてみるとよい。その三つとは，その防衛が以前はとても大切であったこと，しかし今ではそれがクライエントを傷つけていること，そして，それはもう必要ないかもしれないこと，である。

　あなたが表面に現れてきた沈黙と感情を取り扱うことができるのならば，言葉の連続の背後にあるものをクライエントが探索するのを，手助けする方

法はたくさんある。以下のアプローチをいくつか試すとよいだろう。

- 初回面接から，会話が途切れたときでも心理療法家がリラックスしたままでいることで，沈黙していても快適であることのモデルになる。
- 沈黙の間に浮かんできた，感情，思考，空想，記憶について尋ねる。
- クライエントの原家族での言葉と沈黙の役割について話し合う。
- クライエントに，黙って座ったままで10秒ごとに「感情」の言葉（悲しみ，怒り，不快，嬉しさなど）を１つ言ってもらう。これは，クライエントが，矢継ぎ早な語りから基本的な感情に移行するのに役立つだろう。
- 次のように言って，クライエントの話の防衛的性質の可能性を解釈する。たとえば，「話すことで，時に，苦しい感情から気をそらしていることがあります」とか，「長くて込み入った話は，時々，単純な真実を隠すことがあります。あなた自身の単純な真実について，何か考えられることがありますか」などである。

　沈黙を解釈することは，治療的相互作用を深めるのに役立つ可能性がある。言葉が防衛になっているとき，その内容に焦点を当てると，より深い感情やより重要な問題を避けるという，クライエントの無意識の意図を促進させてしまうかもしれない。全体的に言えば，内容についての解釈ではなく，心理療法をその過程の方向性に沿って進めることが重要である。過程に焦点を当てることは，クライエントが話していることの背後にある感情の意味について尋ね，探索することを意味している。過程についての解釈は内容についての解釈よりもずっと困難だが，治療関係を深め，クライエントの成長を促すうえでより役立つ。

　過程を解釈することで，あなたはクライエントに行動を呼びかけ，場合によっては防衛を「外す」ことになる。そのせいで，クライエントを悲しくさせたり，不安にさせたり，怒らせたりするかもしれない。しかし，こここそ

が，あなたの自己認識と成熟ぶりが作用しはじめる場である。もしあなたの側に，クライエントがあなたに対して怒ったり失望したりする準備ができていなかったならば，内容という名の馬のたてがみをつかんで乗りたくなるかもしれない。あなたがその馬を抑えなければ，ポジティブな変化の可能性を殺してしまうとさえ感じるだろう。そうなると，クライエントの言葉が心理療法の的になってしまい，クライエントの困難の原因である，感情，防衛，対処法は的ではなくなってしまう。

　それでも，クライエントがより快適に感じられるように，一時的にその内容を追うことが，戦略的な判断として，必要だと感じることもあるかもしれない。これは，面接初期，クライエントの生活に強いストレスがかかる期間，あるいは，かなりつらい治療作業の後といった場合には，時として賢明なやり方である。しかし，クライエントの言葉の内容が心理療法の扱う的であるという印象を，クライエントに与えるというリスクもある。この可能性を常に意識しながら，いつもどおり直面化と支持のバランス，問題に取り組むことと世話し育てることのバランスをとる，という観点から考えるのがよいだろう。

夢に注意を払う

　面接室以外でも，シャトルすることがある。それは，私たち自身の夢に注意を払い，かつ夢がクライエントと私たち自身について明らかにすることに，注意を払うことである。フロイトは夢を「無意識への王道」と呼び，睡眠中は防衛の効果がより薄れて，普段は隠されている体験の側面に触れることが可能になると推測した。また，夢は，逆転移の問題と，クライエントからの微妙でとらえがたいコミュニケーションに，気づかせてもくれる。

　私の夢は，クライエントとのさまざまな局面で，私を助けてくれた。例を挙げよう。ある朝目覚めると，自分1人ではないことに気づいたという夢を見た。隣に誰かがいることに驚きはしなかったが，それが誰かは分からなかった。しばらくしてから，それが2年以上会ってきたクライエントであ

ることが分かった。彼女は私を見て「おはよう」と言い，寝返りを打って，再び寝始めた。彼女と一緒にいることを自然に感じたが，何かがおかしいことも明らかであった。私は，クライエントと一緒にベッドにいるのが間違っていると気づいただけでなく，どのようにしてそうなったのかという記憶がないことにも驚いた。自分がどこにいるのか考えれば考えるほど，緊張感が増していった。私は，強くなっていく不安によってすぐに目が覚めて，それがただの夢であることに気づいて安堵した。

　その後，次第に安堵感は薄れていき，好奇心が膨らんできた。この夢は何を意味しているのだろうか。私はこのクライエントに対して，恋愛感情を持っているのだろうか。できるだけ考えてみたが，そのような気持ち，考え，空想は思い当たらなかった。そこで次のステップとして，私の夢が，クライエントから受け取ったメッセージを表しているかどうかを考えてみた。彼女は独身で，年も私と同じくらいであったが，彼女が私の気を引こうとしているとは思えなかった。だが，これは本当だろうか。私は何か見落としているのだろうか。私はこの夢については彼女に話さずに，私に対する彼女の気持ちを探索することにした。次の面接で私は，まず私たちの関係性についての一般的な話し合いを促し，そして彼女に，人としてあるいは男として，私に対して持っている考えや気持ちや空想を話してくれるように頼んだ。案の定，私に対する彼女の恋愛感情，彼女の父親に関してまだ探索されていない感情，そして彼女の性的指向に関する問題について，すぐに話し合うことになった。この相互作用が治療に新たな命を吹き込み，私たちはより深いレベルの作業に移ることになったのである。

　これは，治療過程に役立つ情報として，夢がどのように利用できるかを示す好例である。当初，私の逆転移は，私に対する彼女の気持ちをすぐには理解できない領域にあった。私は，幼少期から青年期にかけてかなり太っていて，外見に対して強い不安を抱いていた。他者の反応に注意を払うと，たいていはネガティブな反応であったため，私は自分への他者の反応に注意を払わないことを学んだ。この発達早期の防衛戦略が存在し続けているので，私

は，人が私に引かれているサインを見落としがちなのである。このクライエ
ントは，初めからずっと私にサインを送り続けていたのかもしれないが，私
のほうが，それを見ないようにしたり，誤解したり，あるいは単に見落とし
ていたりしていたのだろう。私は，その後のクライエントたちとは，関係性
のこの側面について検討することに，より一層尽力するようにしてきた。私
たち一人ひとりには，自分が生育歴の中で学んできたことに由来する，情報
処理バイアスの寄せ集めがある。上述したことは，私の数多くの盲点の一つ
である。このように，シャトルすることを習慣的に中断するものの一つとし
て，常に逆転移を考慮する必要がある。

第**10**章　弱みを強みに変える

役割，衣装，人生のシナリオのすぐ下に隠された真実は，
決して忘れられることはない。

—シャーンドル・マーライ

あなたは，ある事柄について何も知らない人が，最も強い意見を持っているように見えると感じたことはないだろうか。旅行に行ったことのない人が他国に対して最も強い信念を持ち，他の人種と交流したことのない人が最も強い偏見を持ち，非常に感情表現の幅が狭い人が気持ちのコントロールについては一番の「専門家」だと言う。

脳の仕事は結果を予測しコントロールすることなので，私たちは曖昧さと混乱に直面すると不安になる。知らないことへの不安が，何の根拠もない確信をでっち上げるように，私たちを駆り立てる。この現象を，脳の損傷や精神病を抱えるクライエントの作話の中に見出すのは簡単だが，私たちのような，いわゆる普通の人の中に見出すのは難しい。私たちはどのようにして，この人間の基本的な欲求に逆らい，心が開かれた状態を維持しているのだろうか。まずは，意識を広げ，心を開き，そして，私たちの知覚があらゆる種類のバイアスに影響を受けやすいことを理解するところから始めよう。

知らないということを十分に理解するためには，多くを学ばなければならない。だからこそ，スーパーバイザーとはできる限りオープンでいることが不可欠である。私たちは，信頼して教えを乞うている人との一致の程度に基づいて，自分の知識と判断を信頼できるようになる。一方，スーパーバイザーは，なしうる最高の仕事をするために，あなたが提供できるすべての情報を必要とする。

　一方を支持することと中立性

　私たち霊長類にとっては，大勢でいることが安全である。だから，私たちは本能的（そして反射的）に一方の側につく。私たちは，自己アイデンティティを，スポーツチーム，国家，イデオロギーへと拡大し，集団，軍隊，宗教を形成する。心理療法の文脈で言うと，これと同じ本能によって私たちはクライエントと同盟を結び，彼らの日常生活の中の他者とは敵対するようになる。こうした同盟を構築することには良い面もあるが，落とし穴もある。一方を支持することで，クライエントの味方である人についても，私たちの評価を両極端なものにしがちになる。また，実際よりもクライエントを好いているという思い込みも助長される。

　私たちがクライエントから受け取る情報は，出来事に対するクライエントの解釈を表しており，彼らの防衛，バイアス，認知の歪みを含んでいる。私たちが話の一面だけに関与している限り，私たちが彼らについて知ることは，クライエントのコントロール下にある。彼らが心から誠実であるときでさえ，私たちに話してくれることには偏りがある。彼らの視点を受け入れることは，それが正確である程度に応じてのみ，役に立つ。実際に起こっているであろうことを把握するのに苦労するときは，言われたことについて心をオープンに保ち，クライエントの防衛と感情をめぐる課題について考えるとよい。クライエントに家族や友人を連れてきてもらい，クライエントの強み，弱み，問題点や明るい見通しについて別の視点を提供してもらうことは，しばしば役に立つ。

　同盟にまつわるバイアスに加えて，私たちは，逆転移に基づいて中立性が崩れることにも陥りやすい。年配の心理療法家は親の側に立ちやすいのに対して，若い心理療法家は親と対立して，子どもの側に立ちやすい。もし男性の心理療法家が，彼自身の結婚生活に困難を抱えているならば，男性のクライエントの側に立って，その妻と対立しやすいかもしれない。あるいは，恋愛性もしくは性的な逆転移によって，心理療法家がクライエントの人間関係

に嫉妬することもあるだろう。その結果，男性の心理療法家がクライエントの側に立ち，無意識のうちに女性クライエントの人間関係を駄目にしようとして，彼女のパートナーと対立しようとするかもしれない。こうした例において，心理療法の中立性が侵されたときに生じうる潜在的なダメージを，容易に見ることができる。

　そうは言っても，もしあなたがミスを犯しそうなら，クライエントとの同盟の側に立つ方向にミスをしたほうがよい。同盟と権利を擁護することは，初期の強い絆の形成を後押ししてくれるし，ひとたび治療的絆が強まってくれば，いずれクライエントの知覚の正確さを確かめる時間が持てるだろう。こうした取り組みは，カップルや家族に対する心理療法において，より重要になる。そこでは，他の人との葛藤の真っただ中にいるクライエントとの同盟を築くと同時に，中立的な立場を保たなければならない。治療状況においては，あなたのバイアスに注意を払い，かつ，逆転移におけるバイアスの潜在的な起源を探索しなければならい。中立性を侵すことは，特にそれが強力で持続的な場合，必ずトラブルを招く。

　女性の心理療法家が，不合理な夫について述べている妻の側に立っていると，自分とクライエントとの関係性を難しくするような，クライエントの人格特性を軽視しがちになるか，完全に見逃してしまう傾向がある。あるいは，権威主義的な父親が，他の家族と同じように，女性の心理療法家を恐がらせるかもしれない。女性心理療法家自身の恐れと，彼女の原家族の中で自分に権力がなかったことが原因となって，心理療法家が父親の側につくこともありうる。私たちは，心理療法家である前に人間であり，クライエントの感情や欲求と同じものをすべて持っている。私たちの反応と起こりうるバイアスに注意を払うことが，私たち自身の無意識の心理的苦闘について，情報を与えてくれる。この情報は，私たち自身のバイアスがどのようにクライエントとの作業に影響を及ぼすかについての，気づきの一部になりうる。

現実に押し流される

　私たちの一瞬一瞬の経験は，意識的な気づきと，無意識的で感情的な自己との間の，力動的な緊張関係の産物である。私たちは現在に根差したままでいようとし，訓練したことを忘れないようにしようとするのだが，発達初期の幼少期の体験のほうへと，自然に押し流されてしまいがちである。たとえ，指導者から心理療法の境界を保つようにと教えられても，自分の家族から境界を侵害するようにしつけられていたら，私たちには常に，最初にしつけられた方向に押し流されてしまう危険性がある。覚えておいてほしいのは，私たちが現在と過去を同時に生きているということである。なぜなら，過去の経験が脳を組織化し，次にはその脳が経験を組織化するのだから。

　キースという若い男性のスーパービジョンをしたときのことである。彼は面接中に強い不安を訴え，「目に見えない心理療法家」のようなものを感じると言った。そのときのスーパービジョンの焦点は，彼がクライエントともっとオープンに話し，直面化と解釈をすることに伴うリスクを負えるようにすることだった。今の彼の問題の背景を私が理解できるように，キースに家族歴を話してもらった。

　彼の父親は石油会社で地質学者として働いており，キースが生まれて数年の間，家族は中東を旅して回っていた。彼は，母親が情緒的に不安定で，怒りと抑うつの発作を急激に繰り返していたと語った。彼の父親はかなりの忍耐と愛情と努力の末に，ようやく彼女をなだめることができた。残念ながら，キースには父親のようなスキルはなかった。父親が長く仕事に出ている間，ほんの些細なことが母の怒りの引き金になりうるのだった。そのたび，キースは母親を落ち着かせることができなかった。

　キースは，私からすると身体的にも精神的にも危険を感じるような，幼い頃のある特別な記憶について話した。彼は，5～7歳までの間，真昼の気温がいつも50度にまで達する地域で，家族で暮らしていた。ある日，彼は母親の言いつけをほんの少し破ってしまったために，彼女を激怒させてしまっ

た。その怒りが頂点に達したとき，母親はキースを玄関から放り出し，鍵を
かけたのだった。

　彼は中に入れてもらおうとして，重い木の扉を何度も強く叩いたが，無駄
だった。彼は裸足のままだったので，石の歩道で火傷をしてしまい，痛みで
叫び声を上げた。それでも母親は彼を無視した。彼は，近所の人の車の下に
一つだけ日陰を見つけたので，這いつくばって，その下に潜り込んだ。彼は
何時間もそこにいて，日の照り返しで肌は焼け，息をするのも苦しかった。
長い時間を経てやっと，母親は彼を家の中に呼び入れた。このような出来事
が，幼少期を通して繰り返されていたのだった。

　キースが親密な人間関係を維持するのが難しいのは，まったく不思議なこ
とではない。彼は誰かの怒りを買ってしまうことをとても恐れていたので，
他者と異なる考えを持つと，怖さで一杯になってしまうのだった。彼は，心
理療法家として，中立的な発言をするようにしなければならないと分かって
いたときでさえ，必ず後で報復されるだろうと身構えなければならなかった。
クライエントに直面化したり，解釈したりすることを考えると，心臓がドキ
ドキした。キースは，大人の心理療法家であると同時に，不安定な母親に対
して独りで怯えている子どもでもあった。彼のように，私たちは日々の経験
の中で，同時に起こる多数の現実を重ね合わせているのである。

　キースがスーパービジョンと教育分析で行った作業は，ゆっくりではある
が着実に進んでいった。彼は徐々に，発達初期の虐待の記憶を心理療法家と
しての仕事から切り離し，クライエントのネガティブな感情に耐えて生き残
ることができると学んだ。しかしながら，ストレスがかかると，恐怖へと押
し戻されるのを感じるのも確かだった。彼は，自分がどのくらい自分らしく
いられるかを観察することによって，自分のストレスの強さを正確に判断す
るようになった。

　私とのスーパービジョンが終わって数年後，キースは私に，以前よりも感
情的に振る舞い，相手を不快にさせてしまうようなことを言う勇気が持てる
ようになってきた，と話してくれた。彼は，この新しい能力が母親との関係

を難しくした，とも言った。母親の反応を恐れなくなった今，彼は自分の感
情を母親と共有することに，よりオープンになった。さらにキースは，心理
療法家になりたいという無意識的な動機の一部が，母親の行動を理解し，そ
うして父親のようになり，他者への恐怖を克服するためだった，ということ
に気づいていた。

　自分の個人的経験を基準にして，他者の考え，感情，行動を推し量ること
は，十分に理解できる。だからこそ，自分自身の経験が心理療法に影響しな
いようにするのは不可能である。もし，ある薬を使ってうまくいったり，自
分の子どもに特定の育児法を用いていたり，特定の治療法によって良くなっ
た事例がたくさんあったのならば，私たちは間違いなくその方向に引っ張ら
れてしまうだろう。だから，定期的に立ち止まって，以下のように自問しな
ければならない。

- 私が，クライエントをある方向やそれとは別の方向に導いているのは
  なぜか，あるいは誰の考えによるのか。
- 私の知識は，どこから来ているのか。
- 私の確信は，何に基づいているのか。
- 私は，どの程度信頼できる情報を持っているのか。
- 私は，心を開いたままでいることを忘れていないか。
- 私は，訓練したことから押し流され，離れていないか。
- 私の発達初期の防衛へと，押し戻されていないか。
- こうした考えは，実際にこの特定のクライエントに適用できるのか。

　私たちのクライエントは，私たち自身の別バージョンではなく，異なる考
え，気持ち，歴史を持つ，分離した人間である。個人的なバイアスは避けら
れないのだから，私たちは絶えずそのバイアスを意識し，クライエントを理
解するときには，それを考慮に入れるように努めなければならない。私は，
「私の臨床経験に基づくと……」という言葉で文章を始める心理療法家を警

戒している。私には「これは，私の専門的地位にかこつけた意見です」というふうに聞こえるからである。誰かの臨床経験に基づくものの見方は，個人の知識，技術，バイアスからの解放と同程度のものにすぎない。あなたの個人的な意見を専門的な判断として提示することには，控えめであるべきだ。

　誤った確信は，いろいろなものに形を変えて現れる。それは，哀れみ，耐えられなさ，嫌悪，いら立ちといった感情となって現れる。横柄である，見下している，退屈している，無関心であるといったことはすべて，確信と，クライエントの発見に必要不可欠な過程への無関心を，反映している可能性がある。

あなたの刺激の強さを知る

　あなたの刺激の強さ（stimulus value）を知るということは，「あなたに対する人の反応に気づく」ということの，少し手が込んだ言い方である。私たちは皆，ジェンダー，人種，年齢，人格，身体的特徴を，固有の組み合わせ方で統合している。私たちは誰でも特有の，アクセント，話す速度，振る舞い方，服装のスタイル，信念，態度を持っている。これらのありとあらゆるものが，クライエントごとに異なる反応を引き起こす。社会的価値観に基づく反応もあれば，クライエントの人格と過去の経験に基づく反応もあるが，ほとんどの場合，両者が混じっている。

　かつて，ある女性のクライエントが，前の心理療法家の体重が彼女との治療中にかなり増えたので，治療を続けられなくなったと話してくれた。彼女は，心理療法家が自身の衝動をまったくコントロールできなかったのだから，たぶん彼女にも良い治療はできなかっただろうと，考えを述べた。文化的な先入観と個人史が染みついているクライエントにとっては，心理療法家の体重増加は強い刺激だったのである。このことから，このクライエントは若い頃に自身の体重管理に苦労しており，かつ，今でも体重が戻ってしまうことを恐れているということが分かる。心理療法家と同じ部屋にいることによって，彼女はコントロールを失ってしまうという恐怖で，一杯になってし

まったのだ。

　私たちは感情的に厄介だと思うものを，避けたり，否定したり，歪曲する傾向があるので，自分の持つ刺激の強さに気づくことで，潜在的な弱みを強みに変えることができる。体重が増え続けた心理療法家は，それが私のところに移ってきたクライエントにとって重要な個人的問題だと分かっていたにもかかわらず，それについて彼女とまったく話し合わなかった。もし，その心理療法家が体重の増加についてクライエントと話し合い，心理療法家自身の不安と困難を共有することができていたら，クライエントの恐れと不安をワークスルーするための扉を開くことができたかもしれない。このように，私たちが苦しみを避ければ避けるほど，私たちの治療の技術と能力は損なわれるのである。

　スーパーバイザーが，訓練中の心理療法家を防衛的にすることなく，彼らの刺激の強さに注意を向けさせるのは，しばしば難しい。解決困難な問題に名前をつければ，心理療法と同じようにスーパービジョンでも恥かしさを引き起こし，防衛を活性化してしまうからである。私は若いゲイの男性のスーパービジョンをしたことがある。エリックは，ひときわハンサムで，耳にダイヤのピアスを着け，装飾模様がプレスされたカウボーイブーツを履いていた。私の目には，彼はあらゆる点でファッションモデルのように見えた。彼は非常に聡明で，クライエントに関する議論はとても洗練されていた。エリックは，彼のトレーニングの水準と比べても，かなりの知識と洞察があることを示していた。

　だが，私は2回スーパービジョンをしてみて，エリックがどんな転移や逆転移の問題にも，まったく言及しないことに気づいた。彼はそれらについて，理論的レベルでは知っていたが，彼自身の心理療法には決して適用しなかった。ケースの他の側面について議論できる彼の能力と，転移と逆転移について議論できないことに差があったので，私は，彼が自身をひとりの人として治療関係の中に組み入れて考えていないのではないかと疑った。

　私がエリックに，もし彼の外見にクライエントが反応したらどう思うかと

尋ねたら，彼は防衛的になった。間髪を入れずに，彼は自分の外見のどこが
悪いのか知りたがったのである。私にはピンときた。つまり，エリックは，
恥や自己批判を感じることなく，自分自身や他者への影響に目を向けるのが
難しかったのだ。彼は疑いの目で私を見た。こうして私は，これが次の作業
すべき領域であることを理解した。

　この話し合いの中で，エリックの歴史について少し分かったことがある。
彼は幼い頃から自分がゲイではないかと薄々感じていたのだが，信仰心が強
い小さな町に住んでいたので，自分自身も含めてすべての人に秘密にせざる
をえなかった。同時に，彼は自分のセクシュアリティに関してかなりの羞恥
心と，秘めた興奮を抱えていた。彼の性行為はすべて，「スパイ（deep cov-
er）」でもある他人には，秘密にされていた。両親が見つけたときには，両
親は同性愛を「直す」ために，彼を脱洗脳施設に送り込んだ。そこでエリッ
クが受けた「治療」は，彼を辱め，隔離し，身体的に虐待して，「神の意志」
に従わせようとするものであった。

　エリックは，自分自身を見出すことができる場所，彼を理解して受け入れ
てくれる人たちと一緒にいられる場所に，逃げ出したいと切望していた。彼
は18歳になった日に家を出て，初めは大学に通い，次に大学院に進んだ。
そこで，自由なやり方で，徐々に自分のセクシュアリティを探求できるよう
になった。彼の服装，イヤリング，スタイルは，この探求の一部であった。
私が彼に出会ったのは，こうした外的変化が内的変容よりもはるかに先行し
ていた時期であった。

　エリックは人目を惹く外見とは対照的に，幼少期の体験によって，注目さ
れることは危険で恥ずべきことだと，思い知らされていた。この内的信念と
外的体裁の断絶は，素人の目から見ても明らかな，経験の諸側面を解離する
という心の能力の好例である。エリックの脳はずっと，こうした現実を分離
し統合させないように，方向づけられてきた。彼は，幼児期には周囲の人に
偽りの仮面を見せて過ごしてきたので，外見に注目を集めることが，まるで
自分を「表現する」ことであるかのように感じていた。彼は，自分の今の姿

がゲイであることを暴露していることや，彼がゲイだと思われることに慣れるべきであると思ってきたことに，気づいていなかったのである。

　スーパービジョンを始める前に，エリックには，私が彼と彼のセクシュアリティを尊重していること，私はそれが病気だとは思っていないこと，そして私が彼の仕事を評価する際にもそのせいでは不利にならないことを，知ってもらう必要があった。「ゲイであることをカミングアウトするというあなたの目標は，あなたには望ましいと思います」と，私は言った。「しかし，人はそれに反応するものだということを忘れてはいけないし，人の反応に気づき，それにオープンである必要もあります。これからのあなたは，好奇心や性的魅力から非難や嫌悪に至るまで，あらゆる感情を抱くクライエントに対応しなければならないのです」。

　エリックの過去の経験によって，彼のセクシュアリティは善か悪かの問題になっていた。彼のクライエントのなかには，同じように感じる人もいるかもしれない。同性愛に関する偏見や恐れを持つクライエントは，おそらく彼を拒絶するだろう。また，彼の外見によって，男女両方のクライエントから性的な転移を引き起こすこともあるだろう。より保守的な年配のクライエントは，真剣に受け止めないかもしれない。その一方で，エリックと同じように自分自身を見出して表現しようともがいているクライエントは，彼を，性的な空想を投影する完璧なスクリーンだと感じるかもしれない。心理療法家の仕事とは，自分がどのような判断，態度，感情を喚起するかに気づき，その気づきをクライエントとの作業の中に組み込むことである。この仕事で一番目に優先されるべきことが気づきであるなら，その二番目は理解することと成長である。

守秘義務

　ほとんどの心理療法家は守秘義務の重要性を十分理解しているが，それを維持することがいかに難しいかについて語る者はほとんどいない。人間はまさに社会的な生き物であり，常に事実，ストーリー，自由連想をやり取りす

ることを通して，つながり続けている。日常会話の内容を分析すると，その多くが必ずしも必要ではない情報に関連していることが，明らかになる。私たちが人とつながる目的で言うことの多くは，「何かあった？」が変形したものである。だから，面白いことや，好奇心をそそられること，感情的に刺激的なことを思いついたときには，何でもすぐに口から漏れてしまう。

　私がまだ駆け出しの頃，ある学生のスーパーバイズを1年以上行っていた。毎週観察室に入って，彼がクライエントと面接しているのをマジックミラー越しに見ていた。私とそのクライエントは一度も顔を合わせたことがないにもかかわらず，1年間彼女を観察し，彼女の人生について学んだ。ある日，私は通りを歩いていたら，彼女が反対側から来るのが見えた。一瞬，私は彼女を知っている事情を忘れてしまった。私は，彼女ににっこりと微笑みかけると，「やあ！」と挨拶までしてしまった。そこで，どうして私が彼女を知っているかを思い出した。私は，瞬間的な間違いから立ち直り，彼女に人違いだったと謝罪した。彼女が立ち去ったとき，私は，守秘義務違反を最小限に抑えて置けるようなやり方で，仕事に関連した経験を監視するという課題を，自分の心に刻み込んだ。

　秘密を守るのは難しい。秘密というものは，他の人が知らないことを自分が知るのだから特別なことだと感じるが，その一方で，それを話して相手の反応を見たいという内的圧力も生み出す。守秘義務とは，専門的な関係性において秘密を守ることである。もしあなたが秘密を保持することに困難を抱えているならば，たぶん守秘義務に違反するリスクが非常に高くなる。私は，守秘義務の重要性と難しさについての認識を高めてもらうために，守秘義務については自分自身に厳しくするようにと，学生にいつも促している。私の厳格な基準を知ると，まず学生たちは私に駆け引きしてくる。そのときの質問はたいてい，「〇〇と話しているときなら，言ってもよいですか」という言葉で始まり，〇〇には「私の配偶者，私の家族，クライエントを知らない人，町の外から来た人など」，あらゆる属性の人が入る。

　もう一つ，よくある質問は，次のようなものである。「もしイタリアで休

暇を過ごしていて，そこで会った人に自国でみているクライエントのことを話したとして，それが本人の耳に入る可能性はどれくらいありますか」。ありそうもないことは認めるが，奇妙なことは起こるものである。私が休暇中に出会った人が，私の地元の知り合いを知っていたことが，どれほどよくあったことか。当然ながら，夕食中に誰かとクライエントの話をしていたら，隣の席でクライエント本人やその知人が聞いていた，などという恐ろしい話は昔からある。あなたはクライエントに対して，人として可能な限り，守秘義務を負うのである。守秘義務を守ることは，それに違反して得られるものよりも，治療過程にとってはるかに重要である。守秘義務は，単なる倫理原則や法的要件ではなく，臨床の訓練に本来的に備わっている側面なのである。もし，あなたがクライエントの噂話をしたい衝動に駆られているのに気づいたなら，逆転移を探索すべきである。そして，共有したい衝動を感じる事柄と，その背後にある感じに気づけるとよい。そうすれば，あなたが無自覚になる必要があった反応について，明らかにできるかもしれない。また，裏方であることを選択する心理療法家もいるが，それに耐えられない心理療法家もいる。心理療法家の中には，クライエントを手段として利用して生きており，社交的会話の多くがクライエントの話で成り立っている者もいる。彼らは自分のアイデンティティを守っているのかもしれないが，クライエントが彼らの社交となっているか，彼らに欠けているものへのつなぎになっているのは明らかである。

　自分の威信を高めるために，クライエントについて話す人もいる。映画スターや有名なアスリートを，あなたが担当している場合を想像してほしい。交友関係によって自分の価値を感じること自体は間違っていないし，他の人に話したい気持ちになったり，友人によく思われたくなるのも間違ってはいない。しかし，こうした人としての性質が，実際に守秘義務を守る能力を妨げる場合には，やはり問題となる。もしあなたが会っているクライエントについて誰かに話したくなったら，たとえその人を知っていることからくるプレッシャーを和らげるだけのためであっても，スーパーバイザーに話すか，

ピアスーパービジョンを提供できる他の心理療法家を慎重に選んで話すのがよい。心理療法家に助力を求めて，誰かに話したい気持ちが，あなたの判断や心理療法過程を阻害する可能性があるかどうか，考えるべきである。

　噂話をする傾向を，守秘義務を厳守する強みに変えることは難しいが，極めて重要でもある。そうできれば，厳しい守秘義務が，治療関係とその他の関係との間に適切な境界を維持する機会を私たちにもたらし，同時に，クライエントには，恥ずかしくて危険な情報を私たちと共有する自由をもたらすからである。さらに，守秘義務を守ることで，あなた自身の成熟とプロ意識がより確かなものになり，同時に個人の誠実さの感覚を深めることにもなると分かるだろう。

第 Ⅲ 部

あなた自身を理解する

第11章　逆転移を明らかにする

> 悲しみを一つの物語にしたり，あるいはそれについて語ることができたとき，
> どんな悲しみも背負うことができる。
>
> ——イサク・ディネセン

　心理療法の中に逆転移が姿を現すのは，私たちが身につけてきた歴史や対処法や防衛が，心理療法家としての客観性と治療契約の順守を妨げるときである。言い換えると，私たちの欲求によって，クライエントの治療を私たち自身の治療にしようとしてしまうときである。逆転移は，来たことを知らせてはくれず，こっそりと忍び込んで治療関係の一部になる。確かに，逆転移が現れる前にキャッチできるほうが望ましいが，ほとんどの場合は，現れた後に見つけることになると覚悟しなければならない。もう何年も前，私はジェイミーという博士課程の学生をスーパービジョンしていた。彼は，30代前半のうつの女性，ベスを担当していた。彼は彼女のことを，動きが「緩慢」で，面接中しきりとため息をつき，数多くの悲観的な考えを述べた，と説明した。ジェイミーはベスの抑うつを警戒し，彼女が「気分が上がり，前に進む」ための，直接的で積極的な介入を求めていると感じた。彼が4回目の面接の録音テープを持ってきたので，次のスーパービジョンのときに，私はフィードバックをすることができた。

　それは興味深い面接で，私はジェイミーのユーモアの使い方と活気のよさに印象づけられた。彼はとても頭の回転が速く，ノックノック・ジョーク（knock-knock jokes）[訳注†1] 以外は言うのを止めていたが，ほとんどすべてのことにユーモアを発揮した。私はジェイミーのユーモアや元気さを楽しんだ

---

†1　訪問者がドアをノックし，家の中の者が名前を聞くと，訪問者が名前にかけた駄洒落を言う，というパターンのジョーク。

が，ベスの様子を感じ取ることはできなかった。彼は，ニューエイジの教祖
のように，彼女に誰も座っていない椅子に向かってしゃべらせ，ロールプレ
イをさせ，表現的なエクササイズをいくつもさせた。このセッションが終わ
りに近づいたときになって，やっと私は，ジェイミーか私のどちらかが，い
かにこのクライエントに注意を払っていないかに気がついた。私はテープを
巻き戻して，もう一度聴いてみた。

　2回目に聴いてみると，ベスがジェイミーの注意を引こうと，さまざまな
試みをしているように聞こえた。彼女は男友達との関係，学校で困っている
こと，母がもうすぐやって来ることについて，話し合いたがっていた。しか
し，ジェイミーは面接の焦点と思われることに指示を出し続け，彼女の試み
を無視するか，気づかないふりをしていた。私には，ジェイミーの声に圧力
を感じ，彼が前向きで陽気なやり取りを続けようとしているように聞こえた。
テープを聴いて，この面接がジェイミーの不安によって動かされていること
が，明らかになった。私はジェイミーのことをよく知らなかったので，なぜ
彼がそんなに強い反応をしていたのか分からなかった。

　次のスーパービジョンで，私はまず彼の熱意とさまざまな介入方法の知識
があることを誉めた。それから，私たちは一緒にテープを聴き，ベスの抑う
つに対する彼の不安と，そこから考えられる逆転移反応について，私の印象
を共有した。私の印象を伝えると，彼は目に見えて悲しそうになった。その
テープを聴くことは，彼にはとても苦痛なことだった。彼は，このことにつ
いてさらに話し合う前に，気持ちを整理する時間がほしいと言い，そのテー
プを持ち帰った。

　ジェイミーはそのテープを何度か聴き，自分の教育分析家とも話をしてか
ら，次のスーパービジョンに来た。幸いにも，ジェイミーには勇気もあった
し，自分の内的体験と臨床訓練を織り合わせるだけの知性もあった。さらに
何週間か経ってから，ジェイミーは，母親が慢性的に抑うつ状態であったこ
とを私に話してくれた。彼には，幼少期から，母親が何日もベッドから出ら
れないという鮮明な記憶があった。母親が死んでいるのではないかという恐

怖から，いつもジェイミーは静かに母のベッドサイドに座り，まだ呼吸をしているか確かめるために，母の胸をじっと見つめていたのである。ジェイミーはこれらの記憶を詳しく話しながら，震えていた。

　実は，ジェイミー自身も，抑うつの発作に苦しんできたのだった。少年の頃，彼は母と一緒にできる活動を通して，ユーモアや興奮でもって母親と自分自身の気分を高めるのが上手になった。彼はクラスのひょうきん者になり，その 10 年後には，パーティの盛り上げ役として大学で知られていた。ジェイミーは初めて，彼の逆転移の現れを，その基底にある感情的な問題に結びつけた。ジェイミーは，あの面接でのユーモアと活動性が，彼の抑うつと幼少期の恐ろしい記憶を回避したいという欲求とつながっていたことを，実感したのである。

　今ではジェイミーは，クライエント（特に，彼が若い頃の母親くらいの年齢の抑うつの女性）と対面すると，過去から怖れと悲しみが無意識的に湧き上がってくるということを理解している。これこそが，彼の逆転移の問題であった。母親を元気づけ，彼の抑うつからは自分自身の気をそらすという，幼少期の二大ミッションが活性化してきていたのだった。ジェイミーは，クライエントの現在の現実的な文脈でクライエントを見ることができず，むしろ，彼自身の過去に移動したような気になってしまったのである。彼は，母親にまだ生きていてほしいと願う，おびえた少年に再びなっていたわけだ。ベスとの心理療法での，彼の逆転移の影響は明らかであった。

逆転移の現れと，その基底にある問題

　逆転移の存在を示す最初のヒントは，中立的な立場や正当な治療方略から外れた思考，感情，行動に偶然気づいたときにやって来る。ジェイミーの場合，あのユーモア，沈黙がないこと，そこでの行動のすべて，そしてベスの感情とニーズに注目できなかったことが，逆転移の現れであった。はじめは私たちのどちらもが，何が逆転移の問題か分からなかったが，何かが起こっていることは分かっていた。

　他の逆転移の現れは，面接を楽しみに待つか，逆に面接を恐れることだろ
う。あるいは，解釈に次ぐ解釈で打ちのめしたり，私の友人がよくやったよ
うに，特定のクライエントが到着する予定の時間に，待合室の扉の鍵を開け
ておくのを「忘れ」たりするかもしれない。逆転移に基づいた行動は，あな
たが受けた訓練，あなたの意図，クライエントの一番の関心からずれる。逆
転移の現れの基底にある問題を見つけ出すことは，次のそしてより困難な課
題となる。

　逆転移の無意識的な動機は，ほとんどの場合，受容，見捨てられ，トラウ
マ，恥に関連した，発達早期のネガティブな経験から来る。ジェイミーの場
合は，クライエントの抑うつによって呼び起こされた記憶に対処するために，
母親の抑うつに関連した圧倒的な恐怖が，さまざまな古い方略を活性化した
のである。一般的な経験則から言えば，逆転移反応は，生育歴と深い感情と
につながっている不安によって，引き起こされる。

　私たちのような霊長類にとって，発達早期に生き残れるかどうかは，二つ
の基本的要素によって左右される。それは，身体が守られることと，親や養
育者に愛着し受容されることである。幼児にとって身体的かつ感情的に見捨
てられることは，生命を脅かされる経験になる。恥をかくことは，ほぼ見捨
てられるような経験になり，愛着パターン，脳の発達，自己アイデンティティ
に深刻な打撃を与える。人生の早期に，身体的なトラウマ，見捨てられ，過
剰な恥を経験した子どもは，後に，心理的にも身体的にも問題が生じる可能
性が非常に高い。その問題は，私たちを殺すまではいかなくても，しばしば
弱体化させることになる。

　20年近くの間，私の心理療法の授業は，発達早期からネガティブな体験
で苦しんできた（そして今でも苦しんでいる）学生であふれている。その理
由は，私の授業の焦点が，心理療法の技術に重点を置くことから，心理療法
家の内的世界を探索することにシフトしてきたからである。それは，逆転移
の問題を同定し，それに取り組む前に技術を教えると，その技術が心理療法
家の無意識的な感情のニーズを満たすために使われるということが分かった

ためである。

　多くの訓練中の心理療法家は，発達早期に深刻なトラウマを経験している
わけではないが，ほとんど誰もが幼少期に，受容されるかどうか，愛される
かどうか，価値があるかどうかと，恐れ，恥ずかしく思い，心配になるよう
な経験をしてきている。私たちは普通の人間として，自信のないまま生き，
衰弱することなく不安に対処することを学ぶ。強い退行的で感情的な要素を
備えた心理療法という独特な環境は，そこでなければ抑圧できたかもしれな
い感じと記憶を強烈に呼び起こす。ほとんどの心理的に健康な心理療法家で
さえも，逆転移反応からは逃れられないのである。ほど良い心理療法家であ
ることは，逆転移がないことを意味するのではない。ほど良い心理療法家と
は，逆転移が生じたときに，それを同定して取り扱うスキルを持つことを意
味するにすぎないのである。

逆転移を明らかにするエクササイズ

　次に述べるエクササイズは，私の知る限り，逆転移の問題を同定するのに
最も良い方法である。ただ，それには時間も労力もかかるし，良きスーパー
バイザー，感情的な誠実さ，勇気も必要である。もしあなたが，このエクサ
サイズに一生懸命に取り組み精魂を傾けるなら，その努力は報われ，さらに
良い心理療法家になることを，私が保証しよう。

　ステップ１──困難だがやりがいのあるクライエントを選んで始める。つ
まり，あなたが行き詰ったように感じたり，強い感情を経験したり，逆転移
が起きたかもしれないと疑ったりしたクライエントのことである。忘れない
でほしいのは，あなたのスーパーバイザーにこの計画について話し，できる
限りこの過程に関わってもらうことである。そして，できるだけ多くの素材
をスーパーバイザーと共有し，それを確実にあなたの教育分析に持っていく
ことである。

　ステップ２──クライエントを決めたらすぐに，逆転移日記に個人的に考
えたことや感じたことをメモしはじめる。あなたが抱く可能性のある気持ち

の揺れ，夢，空想に注意を払い，クライエントに関する経験のあらゆる側面について自由連想する。初めはクライエントに焦点を合わせ，徐々にクライエントに関連したあなた自身のことに焦点を移動させる。つまり，あなたの経験に焦点を移動させると同時に，クライエントの問題への注意を減らすのである。

　ステップ3——数週離れた2回の面接を録音する。必ず，前もってこのことについてクライエントと話し合っておき，クライエントへの守秘義務を保証する。クライエントには，これが訓練の一部であることと，あなたとスーパーバイザーだけが録音を聴き，逐語録を読むことを伝える。使用後のテープと逐語録は，クライエントに渡してもよいだろう。もし，クライエントが録音されることを望まなければ，他のクライエントを選ぶことになる。ほとんどのクライエントは，あなたに注意を向けられることが嬉しいし，あなたが自分の訓練に（そして，クライエントの幸福にも）とても真剣に取り組むことも嬉しく思うだろう。忘れてはならないのは，録音する前も，その間も，その後も，あなたの体験を日記に書き続けることである。

　ステップ4——もし何らかの逆転移の現れを同定できたら，テープを聴き直し，日記を見直す。面接の前，最中，後に体験したことはもちろん，その間に実際に何をして，何をしなかったのかについても考える。さらに，あなたの声のトーンと，発言内容の象徴性に注目するとよい。以下の項目が，逆転移の現れを含むかもしれない特異的な思考，感情，行動である。

- 面接の前と後の感じ。
- 多すぎる，あるいは少なすぎる沈黙。
- 直面化，あるいはクライエントを動揺させることへの恐れ。
- 解釈をまったくしない，あるいは解釈しすぎる。
- 言いすぎ，言わなさすぎ。
- クライエントと議論する。
- クライエントの感情を見逃す，あるいは避ける。

- ●突然，話題を変える。
- ●個人的な開示やストーリーを語る。
- ●重要な細部を見落とす。
- ●注意散漫と白昼夢。

　これらは必ずしも逆転移の現れとは言い切れないが，しばしば基底にある逆転移の問題のヒントを発見するための豊かな土壌となる。

　ステップ5——テープを最初から最後まで逐語的に文字に起こす。会話の中断や，「うーん」など言葉以外の音声も含めること。これはつまらない作業だろうが，とても重要なことである。これをある種の内省として考えてほしい。文字に起こすのに必要なだけテープの細部を聴けば，その内容が馴染みのあるものになり，あなたとクライエントの間の（ひいてはあなた自身の）感情過程にさらに焦点が当たるようになるだろう。

　文字に起こす過程で浮かび上がってくる感じと記憶を探り出し，それらをあなたの日記に書く。これらの連想に続けて，面接中のあなたの経験を，面接外のあなたの生活や，あなたの過去につなげる。

　ステップ6——分析すべき，基底にある逆転移の問題を探し出す。逆転移の問題とは，基底にある感情的な苦闘のことであり，それが面接中に逆転移の現れを生み出すのである。たとえば，キースの逆転移の現れは，心理療法中の沈黙であり，彼の基底にある逆転移の問題は，罰と見捨てられることへの恐れであった。ジェイミーの場合は，ユーモアと活動性が逆転移の現れであり，彼の基底にある逆転移の問題は，母親の抑うつへの恐怖を避けることであり，彼自身の身の安全と人としての価値をめぐる意味であった。

　あなたの逆転移の問題を見出すためには，あなたが手にしている証拠は何でも活かすべきである。そう考えれば，ここ数年の間に，友人，同僚，親類，雇い主，教育分析家，スーパーバイザーからあなたが受け取ってきたフィードバックが，役に立つだろう。これほど特別に気持ちを動かされるものがあっただろうか。だが，あなたが色の濃い眼鏡を通して見ているのだということ

を，忘れないでほしい。つまり，あなたの心の大部分は，あなたが探し求めているものを，意識的な気づきから遠ざけようとしているのである。だから，あなたがこの課題を先延ばしにしたり，掃除，食事，買い物，コンピュータ・ゲームを夜遅くまでやるといった逃避戦略にいそしんだりしていると分かったとしても，驚くことではない。

　あなたの視界の外にある自身の真実は，初めはあなたを巧妙に避けて，曖昧な印象の形で，ほんのちらっと見えるだけだろう。あなたの夢，空想，とりとめのない考えに，注意を向けてほしい。それらは，あなたにとって良いヒントになるだろう。脳はとりとめのない反応ができないからこそ，問い続け，好奇心を持ち続けるということを覚えておくとよい。タバコは，ただのタバコであることもあれば，何か他のものを象徴することもあるのだ。

「物事はまさに完璧だった」

　オータムは，困っているようだった。私がこの逆転移の課題について説明している間，彼女の混乱は深まり続けていた。授業が終わると皆教室を出て行き，オータムだけが残っていた。彼女は席に座ったまま，困惑した表情で私をじっと見つめていた。私は彼女のいるところへ行き，座った。彼女は怯え，かつ心配しているようだった。「私は，素敵な両親がいて，素晴らしい幼少期を過ごして，完璧な人生を送ってきました。そんな私は，この課題をどうやれば良いんですか？　私には逆転移の問題なんてないですから，この授業を落としそうで怖いんです」。

　いつも，学期の初めには，クラスに誰かしらこういう人がいるものだ。こういう人は，いつも明るく，魅力的で，きちんとしていて，良い学生だ。外見上は完璧なのである。彼らの服装は場に合っていて，社会的な品位をすべて備えている。それにもかかわらず，彼らは成績について少し気にしすぎるように思える。彼らが好む形容詞は，「本当に優秀だ」「本当に立派だ」「本当に素晴らしい」「すごい」といったものである。批判的な分析はすべて，感染症のように避けられる。

　オータムは，混乱，落胆，心配と向き合いつつ，一生懸命に取り組んだ。私は，もし彼女が完璧でなかったら，もし彼女が両親の期待に応えなかったら，もし彼女がかわいくて抱きしめたくなるような子どもでなかったら，もし（そんなことは断じてないだろうが）彼女がテストでBを取ってしまったら，一体どうなるだろうかと想像しながら，彼女を励ました。こうした考えはすべて，彼女には想像もできないようだった。しかし，彼女の録音テープを聴き，文字に起こすうちに，彼女がクライエントに説明を求めないばかりか，直面化を避けるために繰り返し言い訳をしていたことも分かったのだった。「これこそが私の課題です。私は本当の心理療法家じゃない。彼の気分を害したくないんです。ただでさえ，彼は今までの人生で十分苦労してきたのですから」。たとえ面接で何が起ころうとも，彼女は，ほんの少しでもクライエントの気を悪くする危険があるようなことは，決して言わないつもりだったのだ。彼女は，あらゆる逆転移に気づかないようにして，自分の合理化を正当化していた。オータムは，知らず知らずのうちに，重要な逆転移の現れを，自分なりのやり方だと思い込んでいたのである。学期の終わりが近づいてきて，ようやく点と点がつながりはじめた。オータムが，完璧でなかった経験を思い出しはじめたのである。幼少期の早い時期に，彼女が両親をがっかりさせ，両親が弟に関心を向けるようになったことがあったのだ。彼女は失われた関心を取り戻すために，弟がすることをし，彼女にとって重要なことは無視することを身につけた。また，彼女は，直面化したり，解釈したり，明確化を求めたりして，クライエントの気分を害したくないことにも気づいた。それは，感情レベルで，クライエントがこうなってほしいと望む人に，彼女がなろうとしていたからであった。オータムの関心は，どうしたらクライエントが必要とするような心理療法家になれるかではなく，「どうしたら私は，彼に好かれる人になれるだろうか」という点にあったのだ。このようにして，彼女は重要な逆転移の問題を明らかにできた。

　オータムの幼少期は，完璧ではなかったのだ。彼女にあったのは，完璧であると解釈され，選択された記憶だった。その記憶の中では，彼女の母親が

完璧な母親である必要があった。もし，オータムが完璧な子どもであったならば，彼女の母親は自身の夢をかなえたことになる。そして，もし，オータムが自分の幼少期を完璧なものとして思い起こしたならば，母親は彼女を愛し，受け入れたことになる。なぜなら，彼女の記憶の中では，母親のニーズを満たしていたからである。要するに，彼女が完璧であった限りにおいて，母親と父親も完璧な親だったのである。彼女がオータムと名付けられたのも，両親が一年のうちで一番好きな季節が秋だったからであった。

　オータムが，彼女自身とクライエントに対してほど良くあるためには，彼女が誰なのかについて，もっと十分に把握する必要があった。この課題は，彼女が自分自身の一部を過去に置き忘れてきたことを，思い出させてくれた。ほど良い心理療法家になるためには，オータムは完璧な娘であることを諦めなければならなかった。そうすれば，彼女のすべての思考と感情につながることができる。この課題は，彼女にとって困難だが見返りも多い，自己発見の過程の始まりであった。自分が完璧でないと気づくことは，彼女にとってつらいことだったが，良い心理療法家になるためには，完璧である必要はないと知って安堵もしたのだった。

　社会は数えきれないほどのやり方で，私たちの弱みを隠し，強みを活かすことを教える。人は履歴書を水増ししたり，横縞のシャツは避けたりして，見栄えを良くし，ポジティブなイメージを売ろうとする。しかし，私たちは心理療法家になる訓練の中で，こうした強い文化的バイアスに対抗しなければならない。私たちは自分たちの弱みに意識的に気づき，それを強みに変えるために，他者と共有する必要があるのだ。

第12章 世話をする人

　生まれながらにして心理療法家である人はいない。私たちは，発達早期の関係性の中で世話をする人になり，その後に，専門的な訓練を受けることによって，さらに変化して援助者になる。各々の心理療法家には，発達早期の経験と臨床訓練が，その人に独自の割合で混ざっている。発達早期の経験は，無意識的で幼少期のことであり，一方，臨床訓練は，意識的で大人になってからのことである。本書では逆転移について，以下の2点を確認することに焦点を置いている。すなわち，早期幼少期のしつけの力と，そのしつけが人生を通して意識的な行動に及ぼす，目には見えない影響である。

　前にも述べたように，心理療法家を訓練するグループのほとんどに，自分は完璧な幼少期を過ごしたので，逆転移はどれも表面的なもので簡単に修正できる，とかたくなに主張する学生がいる。逆転移に気づき，それを探求する方法が与えられると，その学生たちは，家族神話の中に織り込まれてきた親と自分の防衛に反して，実際にあった幼少期を発見することになる。

　心理療法家になるというのは，偶然の選択ではない。生まれつきの気質が，環境からの影響や親からの影響と結びつき，どの子どもが援助者へと成長するのかを決定するのである。援助者の役割を選択することと，どのようにその役割を担っていくかは，私たちの愛着パターン，トラウマと喪失の歴史，家族力動，成長の中で直面してきた課題によって決まる。他者を援助する動機は，他者を調整（regulate）訳注†1したい，自分自身を癒したい，というニーズが混ざり合って生じてくる。

傷つきやすい治療者

　治療者の傷つきやすさは長く認められてきたが，治療者の世代ごとに再認識される必要がある。薬物とアルコールの乱用，抑うつ，クライエントの性的・経済的搾取，自殺といった問題は，心理療法家が，看護師，医師，聖職者と共通して抱えているリスクである。プロフェッショナルの援助者とは，並外れた信頼，責任，権力を与えられた，ただの普通の人なのである。

　治療上のプライバシーのあり方と結びついた心理療法家の権力によって，クライエントはあらゆる搾取をされやすくなる。逆に，空虚感，愛されない感覚，無力感を持っている心理療法家は，我慢できずについ秘密を打ち明けたくなるような私的な環境の中では，クライエントから愛に満ちたまなざしを感じ取るかもしれない。教育を受け，資格を取り，訓練を積むことに長い年月と大金を費やしてきたのに，誤った判断をした瞬間にそのすべてを失ってしまった数多くの心理療法家を，私は知っている。

　依存症は，援助者の幼少期の家族によく見られる。アルコール依存症の親は，自分が身体的・感情的に人の役に立つとは思えないため，しばしば自分の子どもに親の世話をするように求める。子どもは，この世界が安全であると感じる必要があるにもかかわらず，アルコール依存症の親は，感情的に安定した環境を提供する力に欠けているのである。逆に言うと，子どもはしばしば十分な安全感と世話に欠けており，自分自身が成長することよりも，怖い親のニーズを満たすことに注意が向きやすくなる。

　他者の感情とニーズに過敏な人は，依存症の親にとって良い子どもになってしまう。加えて，発達早期に境界の侵害と役割の交代を経験していると，私たちの訓練にもかかわらず，心理療法の境界が侵害されることを，まったく自然なことに感じてしまう。また，自分の親を世話すると，心理療法家に

---

†1　ここで言う「調整」とは，乳幼児と養育者の両者が，自分の覚醒水準や注意の維持や行動表出などの状態を調整しつつ，相手の状態を予測して行動することで，相手の状態にも影響を与えるという，相互の調整を指している。

なったときに，クライエントによって直面させられるような，無意識的なニーズを持つことに脆弱になる。

　強迫的な防衛をする傾向のある親を持つことも，子どもにとっては大変つらいことである。このような防衛をする人は，掃除をしたり，防臭をしたり，整頓をしたりといった，かたくなで反復される行動によって自分の不安を管理しようとする。こうした防衛は，臭くて，汚れていて，混乱を招き，予測不可能な，正常な子どもの現実の姿と相容れない。このような家族の子どもは，自分がするほとんどすべてのことに，親が不快，不安，嫌悪を感じると経験する。そうした子どものアイデンティティは，親の拒絶と繰り返される矯正を反映するものになる。こうして，親の不安は，子どもの恥ずべき自己イメージに変換されていくのである。

　悲しいことに，ほとんどの私の学生は，その片親または両親が「ほど良い」育児ができなかったので，機能していない家族システムの中で生き残る術を学ばなければならなかった。脳は発達早期の経験によって形成されるので，彼らの場合，個人としても専門家としても，その後の関係性の中での自己アイデンティティ，自己効力感，振る舞い方に難点を生み出すことになる。こうした適応の仕方は，私たちが訓練中に発見する，逆転移の現れやその基底にある問題の中に反映される。

面接室の中の心理療法家の幼少期

　面接中に不安で話せなくなることは，初心の心理療法家によくある逆転移の現れである。マイケルという青年は，この問題に苦しんでいた。彼の母親は統合失調症で，彼を一日中ほっておくような人であった。私は彼に，彼が抑えていることをクライエントに言う場面をイメージし，そこで湧き上がってくる考え，記憶，感じに目を向けてみるように言った。少しして，マイケルは言った。「怖いです。クライエントが僕に怒鳴りつけ，僕を馬鹿だと言って，部屋を飛び出していく場面を想像しました」。私は彼に，そのイメージにとどまってみるように言った。マイケルの顔はゆっくりと恐怖が高まり，

ついに悲しみの中に崩れ落ちていった。私が彼が話しはじめるのを待っている間，彼は顔を伏せ，ため息をついていた。

「僕は子どものときにも，こんなふうに感じていました。僕は一日中，ひとりぼっちでした。苦痛でした，胸が苦しいような。こんな日々が，永遠に続くようでした。なので，歩道から庭にレンガを一つ持ってきたことを覚えています。僕は，そのレンガに顔を描いて，布でくるみました。レンガの『人形』を抱っこして前後に揺り動かしたり，僕がいつもここにいて世話をしてあげるよと話しかけたりして，何時間も座っていたんです。そして，母が午後の日課を始める前に，人形に明日まで眠るように言って，彼をうつ伏せにして庭に置いていました」。

「僕は幼い頃ずっと，母が次に何をするのかに怯えていました。母に少し話すことさえ危険だと，考えていたんです。僕が心理療法をしているとき，いつもクライエントに平静でいることを求めてしまいます。何かを言ったり，解釈をしたりしようと考えると，僕は恐怖でいっぱいになるんです。もしクライエントを怒らせたら，どうなってしまうだろう。僕は，座って母親をじっと見つめていたように，座ってクライエントをじっと見つめてしまうんです」。

　面接室の中には，クライエントとあなた自身の他に，たくさんの人がいる。クライエントは，自分の原家族と，現在の生活の中のたくさんの人を持ち込んでくる。こうした人が，意識的に言及されることもあるし，クライエントの自己イメージ，性格，あなたに愛着する仕方の中に織り込まれることもある。あなたはあなたで，自身の性格傾向を持ち込む。それは，あなたのパーソナリティ，治療への取り組み方，逆転移の中に織り込まれている。この三つは，あなたの人間関係能力，治療上の理論と技術の選択と使用，情動調律[訳注†2]とその失敗の中に存在している。面接室というのは，混雑した場所なのである。

---

†2　第 3 章の訳注†2 を参照。

☐ 病理的な世話

　病理的な世話は，私たちが自己愛と呼んでいる，自己の混乱の特異的な現れである。自己愛には，自己が二つの面を持つという特徴がある。一つの面は大きくなりすぎた尊大さを反映しており，もう一面は空虚感と絶望感を反映している。この自己の形は，子どもが親の問題とニーズを見つけるためだけに，愛情と調律を親に求めてきた結果なのである。このような子どもは，自己発見のために必要な助けを欠いており，現実のまたは想像上の見捨てられるという脅威にさらされながら，親を世話することで釣り合いを取っている。賢くて敏感な子どもは，親の感情に調律したり，調整^{訳注†3}したりすることを学習する。こうした子どもは年齢よりも大人びて見え，他者の感情的な経験を本能的に調整し，カメレオンのようにさまざまな個人や社会的状況に適応する。このような子どもの内的経験は，他者のニーズを反映するようになる。

　自己愛のもう一つの側面は，映し返し (mirroring)^{訳注†4} をされてこなかった，子どもの感情的世界の諸側面を反映している。本当の自己や個人に固有な部分がネグレクトされて，発育不全のまま，適切に養育されるのを待っているのである。見捨てられと恥という内的中核が，大きくなりすぎた尊大さの感覚の下に隠れているが，この尊大さの感覚は，他者を調整する能力によって生み出されたものである。病理的に世話をする人は，外面的には完璧な子どもや，優等生や，誠実な友達であったりするが，内面的には空虚で，悲しみ，途方に暮れている子どもなのである。前章で述べたオータムの完全性は，両親のニーズの表れであり，両親の幼少期への両親自身の適応の仕方の表れであった。オータムの自己は，彼女の感情，ニーズ，願望を排除して，家族

---

†3　本章の訳注†1を参照。
†4　「映し返し（ミラーリング）」とは，ハインツ・コフート（1913-1981）の用語で，子どもの自己表現が養育者に受け入れられ，適切に応答されることを通して，子どもの存在が認められ，その自己が組織化されることを言う。養育者がそれに失敗すると，子どもに自己愛の病理が生じるとされる。

が作り上げたものだったのである。

　こうした子どもの愛着のスキーマは，初めは親，後には他者の気分とニーズに調律することに捧げられるようになる。こうした子どもは成長すると，他者の感情を自分自身のものとして経験するだけでなく，強迫的に他者の感情を調整することを，自分で認識するようになる。他者の世話をすることが，自分を落ち着かせ，内的感情を組織化する代わりになるからである。病理的に世話をする人にとって，感じることはすべて，悪く感じることである。その結果，一人でいることは難しく，かと言って他者といたら多くの労力が必要になる。一方的な，あるいは虐待的な関係性は，孤独感とその後に来るだろう感情よりは，恐ろしくないのかもしれない。

　世話をする人は，難しいクライエントになる。なぜなら，彼らは極度の不安の中にいるときでも，助けはすぐに来ないということを，早くから学んでいるからである。彼らの愛着関係の中核には，他者とは愛情のこもった世話ではなく義務を生み出すものだ，という信念がある。病理的に世話をする人がクライエントになった場合，彼の感情の一歩先を行こうとする他者の防衛と他者のニーズに遅れずについて行くことができないと，抑うつ的になり精神的に疲弊することになる。しかも，彼らは心理療法家との立場を逆転させ，心理療法家を世話しようとするだろう。

　以下に，あなたが病理的に世話をする人であるかもしれない場合のサインを挙げる。

● 常に忙しくしている。
● 他者をかばうことは容易だが，自分自身を弁護することはできないと感じる。
● 他者からの要求を断ることが難しいと感じる。
● 他者のニーズを自分の責任のように感じる。
● 他者からの助けを借りることができない。
● あなたをとても必要としているのに，あなたに対しては何も提供でき

ない友達がいる。
- 人と交際し関わりを持つと，精神的に疲弊すると感じたり，それを完全に避けたりする。
- 「もし何かをきちんとやりたいなら，自分自身でやらなければならない」と信じている。

能力のある子ども

　アリス・ミラーは，社会脳を形成する際に親子関係が中心的な重要性を担うことを，すっきりと易しく書いている。彼女が「能力のある子ども」と呼んだ人との心理療法は，親自身の感情的なニーズが養育能力を上回るような親に育てられた大人を，対象にしていた。彼女は精神分析の同僚たちとは異なる立場をとっており，自分自身の役割を，大人のクライエントも含めた，子どもの擁護者であると考えていた。記憶を何年も遡って，長い間忘れられていた幼少期の経験に再びつなげる作業を通して，ミラーは多くのクライエントの大人びた行動を，親のニーズへの適応であると解釈した。

　彼女は擁護者としての役割を果たす意味で，心理療法を，大人の視点からだけでなく，クライエントがかつてそうだった子どもの視点から，クライエントの歴史を掘り起こす手助けをする過程だと考えた。ミラーによると，能力のある子どもは，親が出すサインにこの上なく敏感であり，親のメッセージにぴたりと合わせる能力を持っている。そういった子どもは，「共依存」と呼ばれるようになり，医師，看護師，ソーシャル・ワーカー，そして心理療法家のような，サービスの専門家の大半を占めている。

　ミラーによって述べられた能力のある子どもは，うまく機能しているように見えるかもしれないが，彼らはしばしば空虚感を抱いており，まったく活気がない。活力と本当の自己が受け入れられていないため，それらは抑制され，意識から払いのけられているのである。本当の自己との断絶は，パーソナリティの混乱だけでなく，同様な力動を次の世代に無意識的に伝達するような脆弱性を生み出す。十分に養育されてこなかった親が，彼らがかつて受

けられなかった世話やケアを，彼らの子どもに求めるのである。ミラー（Miller, 1981, p.35）はこう述べている。「そのような母親は，自分自身の母親にかつて見出すことができなかったものを，自分の子どもの中に見出し，子どもは分身として，操作可能なものとして，母親の思うがままに利用される。そういう子どもは，完全に母親の中心に据えられ，まったく母親から離れることはなくなり，母親に最大限の注目と称賛を与えるようになるのである」。これと同じ力動が，心理療法家によって，心理療法の中に持ち込まれることがありうる。

　子どもにとっての初めての現実は，親の無意識である。親と親密な絆を結びたいという子どもの本能が，時や状況を選ばず，子どもを親に愛着するように駆り立てる。子どもが母親の目をのぞき込んだときに，母親のニーズ以外に何の映し返しもなければ，その子どもは（可能ならば）親のニーズを満足させるように自分自身を形作ろうとするだろう。能力のある子どもは反抗しない。反抗が解決困難な問題の中心になるからである。彼らは，自分自身の人生のストーリーを構築することができないので，世話を必要としている他者を探すことになる。ミラーは，そのような子どもはいつも支持してくれる人を求めている，と感じている。なぜならば，彼らは，幼少期に親の無意識の支配に抵抗することに対して，まったく無力だったからである。また，そのことは，発達早期の無意識の記憶の中にしっかりと植え付けられているので，決して自分以外の誰にも経験されることがない。

　クライエントは，発達早期の親との関係性についての意識的な記憶を持っていないが，ミラーは，これらの学習した経験は，クライエントが自分自身をどう考え扱っているか，つまり，自己イメージと自己防衛行動の中に記録されている，と推測している。クライエントが自分自身についてどう語るかをめぐる厳密さと自己否定的な特徴（超自我）が，彼らに対するかつての親のネガティブな態度を表しているというわけだ。こうした潜在的な感情と行動の記憶は，態度，不安，自分の語り方という形をとって，本当の感情と自分自身のニーズへの意識的な気づきを，継続的に抑圧する一因となる。

　世話することも強迫的な完全主義も，自分には愛される価値がないという，この深い内的な感覚を埋め合わせようとする継続的な試みを反映している。この適応と軌を一にして，心理療法家はしばしば，以下のような強い意識的・無意識的なニーズをはらんだ幼少期から生まれ出てくる。

- 完璧でありたい。
- 好かれたい。
- 葛藤を避けたい。
- ネガティブな感情を持ちたくない。
- ネガティブな感情から他者を守りたい。
- ニーズをほとんど持たず，強い意見も持ちたくない。

これらの傾向は，治療関係の中では次のように表れる。

- クライエントの改善に関して，すべての責任を負っているように感じる。
- 沈黙を扱うことが難しい。
- クライエントに好かれること，あるいは友達になることが必要であると感じる。
- クライエントの実生活の中の他者と対立して，クライエントの側に立つ。
- クライエントの感情に耐えることが難しい。
- 知的なレベルで交流を続ける。
- アドバイスを与える。

恥に基づいた経験と行動

　心理療法家としてのキャリアを積むことで，世話をするという自らの防衛から専門性を生み出す機会を与えられるのだが，逆転移を探れば，ほぼいつ

も受容と見捨てられを中核とする問題に立ち戻ることになる。たとえば，心理療法家は，自身の家族の中で，「感情を調整する」役割を担うことが多い。彼らが家族の中や家族員の間で感情を調節している，ということである。彼らは，外交官であったり，聞き役であったり，交渉人であったり，またはしつけをほとんど必要としなかった良い子であったりする。私たちには，悩んだり親を困らせたりしていたきょうだいがしばしばいるので，自分自身のニーズを持つことによって，親への負担をこれ以上増やすまいと心に決めたのである。それらは，単に未来の心理療法家によくある役割なのではなくて，家族に受け入れてもらうための対価であり，生き残るための方法なのである。

「完璧」であることによって，子どもは，子ども（もっと言えば，親自身）の欠点を知る痛みから，親を救っている。できるだけ自らへの注目を少なくすることによって，子どもは自分の行動で恥をかくことを避けることができ，結果として拒否的な親とのつながりを維持できるのである。葛藤やネガティブな感情に対処できない家族は，子ども自身の感情に触れないようにさせるだけでなく，家族全体がそのような方向に向かうのをうまくそらすように，子どもにしつけるだろう。

このような適応の仕方は，感情を抑制する反面，その人の人生を整理されないままにする。クライエントが怒ったり，怖がったり，混乱したりしたとき，心理療法家は無意識的に幼少期に担っていた役割をとり，自分の家族の決まりごとを治療関係に当てはめるかもしれない。ここまで見てきたように，心理療法家は傷つきやすくなった瞬間に，クライエントと共におびえている子どもに退行したり，自分自身の心的外傷後症状に苦しんだりすることがありうる。私たちの逆転移反応がどの方向に私たちを導くかという法則はないものの，どんな逆転移反応も，適切な治療方略を展開させる私たちの能力と，クライエントについての知覚を歪めるのである。

心理療法家になる

多くの学生が質問することを要約すれば，「この意識の高揚，痛み，不快

のすべては，いったい私をどこに連れていくのですか？」となる。簡潔な答えはこうだ。「あなたが抵抗する限り，それは続く」。過去に基づいて考え，話し，行動するように駆り立てる，感情的な記憶が無意識にある限り，私たちは過去のコントロール下で生きることになる。私たちが過去の影響から解放されることは決してないが，意識的な探索，洞察，よりポジティブな方法で行動しようとする試みを通して，過去からの影響を最小化することはできる。

　ある程度は無意識的な理由があって，心理療法家になることを選択したと分かったら，私たちはどうするだろうか。あるいは，正当な理由，少なくとも私たち自身の中にあり，クライエントの最大の利益になるような理由によって，どのように心理療法家になることを決めるのだろうか。転職して，世話をする人生から解放されたと感じる，と報告する学生もいる。そういう人は，自分のニーズを取り入れた人生を構築することを望んでいるのである。多くの人は，こんなふうに言う。自分は何が好きだったのか，自分自身のニーズとは何だったのかを見出すための時間が必要だった。なぜなら，他者の好きなことやニーズを映し返す人生を送ってきたのだから，と。彼らは，自分自身の好みの感覚を育てたかったのである。その一方で，多くの学生が，自分の歴史と好みとを深く理解し，自分自身を世話する能力を向上させて，心理療法家としてのキャリアを始めていく。最善の臨床訓練とは，その人にとってうってつけのキャリアへと押し進めてくれるような，内的な成長の旅なのである。

第**13**章 満足でき，良識あるキャリアを積む ：警告と励まし

> 一日中人の悩みを聴いていると，気が変になりませんか？
>
> ——一般の人

　どのようにして，心理療法家は良識あるままでい続けるのだろうか。どのようにして，私たちは一日中困難な問題を聴きながら，ため込んだ苦痛と混乱による爆発をせずにやっているのだろうか。良識あるままでいることと満足いくキャリアを積むことにおいて，考えるべき要因はたくさんある。特に重要な側面は，あなたの限界を理解すること，あなた自身のニーズを大事にすること，クライエントの苦しみが私たちの精神に与える衝撃に気づいていることである。また，よく訓練されていること，スーパーバイザーや仲間との接触を保っていること，私たちの専門性についての倫理的・法的ガイドラインを順守することも求められる。加えて，次に示す原則は，あなたの健康と生活の質を守ると同時に，満足いくキャリアを創造するのにきっと役立つだろう。

原則１：あなたの限界を知り，クライエントを選ぶこと

　私たちは毎週，何時間の心理療法をすべきだろうか。最大１週間に約17時間までが私のベストであり，それを超えると，疲れ果て，怒りっぽくなり，気が散るようになる，と分かってきた。間違いなく私には，週40〜50人のクライエントと楽しく会うと言う心理療法家たちほどのスタミナはない。スケジュールによって，どれほどあなたのエネルギー，スタミナ，気分のレベルが影響されるかに，注意を払うべきである。そうすることは，単位時間当たりのクライエント数について，あなたが快適にやれる範囲を知る助けになるだろう。心理療法の実践家と話して，彼らの日常生活を知るのもよいし，

あなたが職業の進路を考える際の個人的なニーズについてじっくり考えるのもよい。とにかく，あなたの目を大きく見開いて，仕事を選択すべきである。

　もう一つ，経験から言って大事なことは，クライエントをうまく選ぶことである。私はいつも学生たちに，もし可能であるならば，境界例のクライエントは同時期に1人に限定するように言っている。境界例のクライエントは極めて難しく，あなたの他のクライエント全員を合わせたのと同じくらいの，感情的エネルギーを必要とする可能性がある。彼らの敵意，憤怒，自殺企図，非難，これらすべてが大打撃をもたらす。慢性的に抑うつ的なクライエントも，心理療法をしていくのが極めて難しい。なぜなら，彼らの悲しみは，私たちのエネルギーを徐々に奪うかもしれないし，私たち自身の悲しみに侵入してくるかもしれないからである。クライエントを選ぶことは，あなたのスケジュール全体と同様に，長い期間をかけて調整の仕方を学んでいくものである。取扱件数を気にする必要があるからといって，件数が減ったように見えても気に病むことはない。あなたは，長期にわたって，生き残らなければならないのだから。

原則2：セルフケアに一貫して努めること

　私たちは，他者をケアしつつ，一方で自分自身をケアしなければならない。良い心理療法を提供することとセルフケアは，相互依存している。仕事が，自分を完全な消耗やうつ病の間際まで追いやろうとしていると気づいたら，病理的な世話と自己否認のパターンに陥ったのではないかと，入念に見て考える必要がある。良い心理療法は，クライエントと心理療法家の両方を癒し，活力を与えるはずである。一般的に言えば，あなたとクライエントが治療過程によって成長していることを，あなたが感じる必要がある。もし心理療法をすることが常に，骨が折れる，ストレスが多い，あるいは苦痛でさえあると感じるのなら，何かが間違っている。そんなときには，あなたのメンタルヘルスと生活の状態について，あなた自身の教育分析家と注意深く検討すべきである。

　私は，自分自身の健康についてほとんど考えることなしに，フルスピードで何年間も走り続けてきた。私が今までに受けたなかで最良のアドバイスは，「人生はマラソンであって，短距離走ではない」であった。私は，マラソン走者のように，私自身のペースで走り，エネルギーを浪費せず，ゴールではなく過程に焦点を当てることを学ぶ必要があった。私は，仕事についての考えを検討し直し，変えなければならなかった。私は労働者階級の生まれのせいか，労働というものを何か汚くて疲弊させるものと考えていた。私が，感情的疲弊というものを理解し，汚くなく苦痛もないにもかかわらず，長くつらい毎日を送っていたことを自覚するのに，長い時間がかかった。

　オーバーワークの自分なりのサインに常に注意し，それをセルフケアをするための注意喚起のメッセージとして利用するのがよい。私がオーバーワークしたときの確かなサインの一つは，止まらない，持続性のどんよりした頭痛である。私は自分の頭の感じを，スケジュールとリラックスする時間を作ることに結びつけるのがうまくなってきた。多くの週末を田舎で過ごし，定期的に休暇を取り，かばんにはいつも面白い小説が入れてある。また，毎日確実に昼食をとり運動することで，今後の精神面に大きな違いをもたらすことができる。他のオーバーワークのサインは，活動が楽しめない，友達や家族から離れて一人になる，時には仕事をやめてリラックスするということが難しく感じる，といったことであろう。これらはうつ病のサインでもあるが，それは偶然ではない。

　有料で行う心理療法が，あなたの感情と理性を乱すことがありうることを，過小評価してはならない。あなた自身の身体的なニーズと感情的なニーズに気を配り続けるべきだし，特に新たな責任を負っているときには気をつけるとよい。治療者は，他者の人生の補佐役であるだけでなく，自分自身にも生きるべき人生があることを忘れがちである。なぜなら，心理療法は大変複雑であり，成功したという明確な証拠を見つけることもしばしば難しいからである。私は完全に課題を達成して良い気分になりたい。だからこそ，明確な目標と目に見える成果があるような計画に従事することが，重要であると気

づいた。家事，料理，本を書くことでさえも，心理療法ではめったに味わえ
ない，明確に最後までやり切った感覚を持てる。

　あなた自身とあなたの人生について，あなたが良いと感じる必要があるこ
とは何だろうか。あなたの好きな道を見つけ出し，それを追求することに，
時間をかけるべきなのだ！

原則３：視点を保つこと

　援助することの長期的な影響に注意を払うべきである。他者のニーズをあ
なた自身のニーズより優先させるような実践を絶えず続けていると，共感疲
労（compassion fatigue）や燃え尽きになることがある。ついには，自分自
身のことを忘れて，クライエントを反射することに奉仕する鏡になってしま
うかもしれない。私たちが他者の苦痛を体験しているときには，私たちの身
も心も他者の感情に共鳴している。たとえあなたが子どものように援助者と
しては形を成していないとしても，あなた自身の視点を外れたままであまり
に長い時間を過ごすと，危険なことになりうる。視点を維持することは，あ
なたが第一に人間であり，第二に心理療法家であって，常にクライエントか
らは分離したひとりの人間であるということに，気づき続けていることを意
味する。

　もしあなたが自分の視点を失ったかもしれないと疑ったら，次の問いかけ
を自分自身にしてみるとよい。

- 私は，心理療法家であることによって，どんな影響を受けているのか。
- 私は，クライエントの身代わりとして，生きているのではないか。
- 私は，心理療法以外で，自分のニーズを十分に満たしているか。
- 私は，自分のやりたい道に従っているか。
- 私は，十分に愛情のこもった気遣いをしてもらっているか。
- 私は，自分が受けられる気遣いを，喜んで受け入れているか。
- 私は，今やりたいことをやっているか。

　初期の精神分析家たちは，自己中心的で，他の視点に不寛容で，かつ，弟子やクライエントと恋愛がらみの逸脱もして，悪評が高かった。私たちは皆，自身の自我を抑制し，視点の確からしさを保ち，地に足を付けているように努力する必要がある。無意識の世界に住むことが，少なからずトリッキーな日常生活のかじ取りをできるようにしてくれることがある。それは，あなたの人生の中で，私が「情報の座薬」であったと気づかせてくれたクライエントのように，あなたの足が地に着くようにしてくれる人と出会うことを手助けしてくれるのである。

🔲 原則４：トラウマの伝染に注意すること

　社会的動物として，私たちの脳は，周りにいる人たちの経験と感情に共鳴するようにできている。このことは，トラウマが伝染することを意味する。トラウマ治療を専門とする心理療法家たちの会議に行ってみるとよい。そうすれば，不安と抑うつに満ちた顔であふれていることに気づくだろう。かつて，トラウマを受けたクライエントとの心理療法に時間の大部分を費やしていたら，虐待された子どもたち，めった打ちにされた妻たち，それに戦闘シーンのイメージに，私自身が取りつかれてしまった。私たちの持つ他者への傷つきやすさは，弱さのサインや専門性の欠落などではなく，生物として不可欠な部分なのである。

　トラウマを受けた人を目の前にすると，私たち自身がトラウマを受けたときと同じ仕方で，脳が活性化されてくる。私たちにクライエントの苦痛に対して免疫がないだけでなく，彼らを治療するために接近してケアする関係性を進展させなければならない。クライエントは皆，私たちのところに彼らの苦しみを持ち込んできて，その次には，私たちがそれを内面化し，消化することになる——それなりの労力をかけて。晩年になって，カール・グスタフ・ユングは，スイスのボーリンゲン湖の岸辺に移り住んだ。彼は，子ども向けのファンタジー本の挿絵とは似ても似つかない，小さな中世の城に住み，仕事をした。城の正面には旗竿があり，それにユングの友人と近隣住民は細心

の注意を払っていた。ユングは時々彼らに向けて訪問禁止の合図として旗を揚げ，旗が下がるまで彼らはその城に近づかずに待っていたのだった。その旗について聞かれたとき，ユングは，あるクライエントと会った後には，一人になって考え感じる必要があると述べた。彼は，聴いたことを処理して，それを少しずつ統合したり，自分の中から取り除いたりする時間が必要だと感じていた。明らかにユングは，情動とトラウマの伝染，さらには心理療法家であるということがいかに困難なことであるかを理解し，正しく評価していたのである。

原則５：あなたに関わる法律と倫理を知ること

　専門職としての法律と倫理についての講義は，普通，次のようなものである。「私はあなたを怖がらせたくはない。しかし……」とか，「妄想的になるな。しかし……」など。私は，個人的には，過誤を犯したり法律を破ったりすることを怖がるのは，良いことだと思う。十分に怖がって，法律と倫理規約を注意深く学んでほしい。十分に怖がって，各クライエントの守秘義務を守り，心理療法という退行的な環境が，あなたを専門家らしからぬ行為へと駆り立てやすくすることを忘れないでほしい。最も重要なことは，十分に怖がって，心理療法家であるということが，日々重要視される必要があるような大きな責任を負うことなのだと，忘れないことである。

　私は，初めてクライエントが私に小切手を手渡したときのことを覚えている。私は小切手にある私の名前をじっと見つめ，今や責任は私にあるのだ，と理解した。もはや，盾になってくれるスーパーバイザーはいないのだ。これは，恐ろしいことだ！

　私たちの専門領域の倫理規範を知り，順守することは，絶対不可欠である。ルールには，あまりにも固くて不必要に見えるものもあろうが，それらは，私たちの前途にある問題にすでに直面し対処してきた人たちの，蓄積された知恵を反映しているのだ。法律上の規約も倫理的な規約も，クライエントと同様に，心理療法家を守るものだということを心に留めておいてほしい。性

的虐待の歴史を持つクライエントは，しばしば魅力的で誘惑的である。ある
クライエントは，彼女からの恋愛関係の誘いを私が拒んだ後に中断した。別
のクライエントは，私と個人治療をしている間，彼女のパートナーの心理療
法家と浮気をしていた。特に，心理療法家が若くて，魅力的で，愛情を求め
ているときには，こうしたクライエントに弱いものだ。今振り返ってみて，
自分の受けた訓練が十分に私を怖がらせることに重点を置いてくれたこと
に，深く感謝している。そのおかげで，私は治療関係の境界を維持できてい
るのである。

　過去20年間で，自分のオフィスの外でセッションを実施したことが，2
回だけある。一度目は，地震で私のビルが安全でなくなったとき，二度目が，
火事のせいで避難しなければならなかったときである。どちらの場合も，私
は，セッションの中止がクライエントにとって最善だとは感じなかった。あ
なたの家，裏庭にあるオフィスや，そのような場所でクライエントと会うこ
とは簡単に誤解される可能性があり，もし告訴を起こされれば弁護は難しい
かもしれない。車の修理や税金の確定申告書類の作成の見返りに心理療法を
するような，物々交換的サービスも良い考えではない。あなたの権利と責任
について，あなたとクライエントの両方に情報提供するような，明快な治療
契約を常にするべきである。ビジネスをするうえで伝統的ではないやり方は，
時には便利であるかもしれないが，危険を冒すほどの価値はまったくない。

　ライヒは，すべての陽性転移の裏には陰性転移が隠れている，と示唆した。
陽性転移の時期には，あなたが良かれと思って心理療法の枠組みに違反して
も，良い結果を得ることさえあるかもしれない。もし陰性転移にシフトした
ら，そのときには，あなたの行動すべてが，陰性の感情状態を踏まえて再解
釈されるだろう。公園で会うことも，ビルが火事だったときには良い問題解
決方法だと思われたが，将来のある時点では，誘惑，デート，あるいはもっ
と悪いことに解釈されるかもしれない。間違った方向に進んだ治療関係は，
まるで敵意のこもった離婚のようになる可能性がある。

　あなた自身を守るためには，一般に認められた実践の基準を着実に実行し，

通常ではない環境や，伝統的ではないやり方で交流することを，避ける必要がある。もしあなたが，職能団体の援助基準の範囲内で実践をしてきたなら，専門性に関連する委員会や保険会社は，あなたを最も良い形で支援してくれるだろう。この点は，あなたの職能団体の道徳規範，価値観，資質によって，しばしば異なるだろう。特にあなたが国内の新しい地域に移るときには，こうした基準とは何かについて適切な考えを持っているかを確認することが大事である。バーモント州のバーリントンでは許容されるかもしれないことでも，ミシシッピー州のナチェズの基準では違反になるかもしれないのである。

学校では習わないこと

　大学院は，専門用語と一連の技法を教え，仕事を始めるのに必要であろう人脈を提供するのに良い場所である。また，学校は，友達を作り，卒業後もあなたを支えることができるサポートシステムを構築するのにも，良い場所になりうる。逆に，学校は，あなた自身と，あなたのキャリアの選択肢と，その両者をうまく一致させるやり方の，三つが分かるようにあなたを援助することには向かない。

　すべての学校が，それぞれ特徴的な課題を推進している。大きな公立大学は研究と教育を奨励し，専門学校は高い授業料の見返りに利益の上がる私設心理相談の夢を売り，他の訓練プログラムは地域貢献の人生を勧める。こうしたキャリアの道のどれもが，有意義で，満足できるものになりうる。そうであるならば，どれがあなたに合っているのだろうか。私たちのうちの大多数が，あまりに少ない情報に基づいてキャリアを決めている。私たちは，パンフレットやテレビ番組や友達のアドバイスを当てにする。生活上の多くのことと同じように，私たちは，自分の決断が引き起こすであろう結果を分からずに選択するのである。

　初心の心理療法家としては，まず，あなたがしたいと思っていることをしている人と知り合うことから始め，そして，その人たちとできる限り多くの時間を過ごすことだ。興味，パーソナリティ，行動力のレベルがあなたと共

通している人から，指導や助言をしてもらうとよい。そして，ライフスタイル，収入，ストレス，スケジュール，役所から要求されること，休暇について，たくさん質問すると良い。こうしたことがキャリアの基本であり，正しい判断をするには，あなたが心に抱く抽象概念や幻想よりも，もっと重要なことなのである。

　学校を選ぶときには，彼らが学位を取得したのはどこの学部なのか調べることだ。彼らが書いた本と論文を読み，彼らがどんな考え方でどんな研究をしているのか，そして，彼らの興味があなたと一致するかどうかを確かめることだ。私はいつも，学生たちには，卒業後の生活の見通しが持てる学校に行くようにアドバイスしている。そうすれば，学校にいる間に，あなたの将来のサポートネットワークとして役立つ人脈を作る機会を得ることになる。プロフェッショナルの人たちも，あなたの訓練と，専門家との人脈を構築することを，手助けしたいと思うかもしれない。しかし，あなたが学位と資格を持って新しい街に現れたとき，あなたは彼らのライバルになる。

　大学院課程を選ぶときには，費用も考慮すべき重要なことである。（授業料と生活費を含んだ）学位にかかる全費用を算出し，あなたが学校にいる間に得ることができるだろう金額を差し引いてみる。残った借金を，卒業後にあなたが払わねばならないだろう月払いに（利子も含めて）換算して，そしてこれを生活費に加えて，あなたの見込みの手取りの給料と比較してみる。この計算をすると，高い私立学校に行くのと，もっと経済的な他の学校を探すのと，どちらが良いかについて何か考えが浮かぶだろう。もしあなたが生活拠点を構える前に，ローンの支払いに相当するものを持って学校を出るなら，生活は困難になり，あなたの選択肢はひどく狭くなるだろう。フィナンシャルアドバイザーと一，二度会うことは，極めて良い考えだ。彼には，あなたが抱えるであろう費用について良い案があるだけでなく，生活費の増加とあなたが借りる必要がある金額の長期的な利子を算出する手段もある。

どんなオリエンテーションの心理療法を選ぶべきか

　時期，心理療法家，クライエントの三つが適切な条件を満たせば，普及している心理療法の技法，たとえば認知行動療法（CBT），システム論的家族療法，精神力動的心理療法，人間性心理療法などのすべてに，提供できることがある。私が提案したいのは，少なくとも二つの心理療法の技法について信頼できる訓練を受け，オリエンテーションに関係なく依頼できる最善のスーパーバイザーを選ぶことである。良いスーパーバイザーの条件としては，その人が CBT よりもゲシュタルト療法を好むかどうかということよりも，知性，成熟度，賢明さが，もっとずっと重要である。

　オリエンテーションの選択の仕方は，気まぐれではない。自分の人生における答えを探し求めているからこそ，または自分の人格や防衛によく合うからこそ，私たちはあるオリエンテーションを選択するのだろう。精神力動的心理療法への私の興味は，私自身を理解しようとすることに動機づけられていた。それはちょうど，私自身の家族を理解したいという願望によって，私がシステム論的家族療法に魅惑されたのと同じである。

　曖昧さに不快感を覚える学生は，しばしば CBT を選ぶ。CBT は構造化，プログラム化されていて，無意識の中をさまようことを避けるからである。これは，無意識の中をさまようことを避けて，自分の感情のコントロール下にとどまるには，極めて良い方法である。精神力動的心理療法に惹きつけられる学生は，自分自身の無意識と複雑に絡み合っていくリスクを冒している。たぶん最善のアプローチは，惹きつけられるものに注意を払い，それを無意識的な動機づけについての潜在的だが重要な情報の表れとして，選択に利用することである。あなた自身でこのように選択を検討するなら，意識と無意識をシャトル（往復）するやり方を活かすのがよい。そして，あなたのスーパーバイザーや教育分析家と，そのことを話し合うとよい。

　私が初めてダナと出会ったとき，彼女は異常心理学のクラスの生徒だった。フロイトとか無意識とかいう言葉が出るたびに見せる彼女の反応によって，

私は彼女を覚えていた。精神分析概念に初めて触れたとき，彼女は，無意識というような馬鹿げた考えは不合理だと，独り言を言い始めた。彼女はフェミニスト，マルクス主義，行動主義の立場から，そしてフロイトはただのコカイン中毒者にすぎないということを理由に，フロイトを酷評した。彼女は多くの良いポイントを突いていたが，彼女の無意識への反対運動は，知的というよりは，はるかに個人的なものであることは明らかであった。彼女の抗議が，あまりに激し過ぎたからある。彼女は，CBT だけをしたいと思っており，それ以外の心理療法を検討することには無関心であった。

　2 年後，ダナは心理アセスメントに関する小さなゼミで，私と再会した。私が彼女に気づいたとき，最初に思ったのは，気持ちの面で長い学期になりそうだということであった。第 3 週まで，私たちは主題統覚検査（TAT）について検討していた。TAT とは，一連の絵からなる検査で，その場面で起きていることについてストーリーを作るよう教示して，絵を手渡すものである。もちろん，この検査は，無意識と投影過程の仮説に基礎を置いている。

　私は，最初の絵についてストーリーを話してくれるよう，ダナに言った。その絵には，少年とヴァイオリンが描かれていた。「分かりきっています」と，彼女は述べた。「この少年は，無理やり練習させられていて，ヴァイオリンが大嫌いで，絶対に弾き方を覚えようとはしないでしょう。とってもヴァイオリンが嫌いなんですから」。私はダナに尋ねた。「あなたの反応から，あなたについて何か分かることがありますか？」。「とんでもない！」と彼女は言った。「絵を見れば，簡単に分かることです。投影なんてまったくありません」。次に，私はこう聞いた。「もしあなたが，これが幼い頃のヤッシャ・ハイフェッツ[訳注†1] の絵だと知っていたら，答えは違っていましたか？」。私が，自分のファイルから幼い頃のハイフェッツの写真を取り出すと，ダナは「ありえないわ」と言った。実際，この検査の考案者は，ハイフェッツの写真を写し取った絵を用いたのだった。彼女は唖然として，授業の終わりまで静かに座って

---

†1　ヤッシャ・ハイフェッツ（1901–1987）は，20 世紀を代表するヴァイオリニストのひとり。幼い頃から技巧派として知られ，現在でも高い評価を得ている。

いた。

　ダナは，次の授業の前に，ミーティングの準備のために私を呼びにきた。彼女は私のオフィスに入ると，投影法検査と精神力動的心理療法の文献を尋ねた。「先生が私にあの写真を見せてくださったとき」，彼女は言った，「私がハイフェッツについて何も話せなかったのは事実です。私以外の一体誰が，あんなふうに答えたでしょうか？　私に無意識があったに違いありません！」。たまたま，彼女は熱烈なクラシック音楽，特にヴァイオリンのファンであった。私は偶然にも，ダナが自分の無意識の心を垣間見るための窓を，見つけたのだった。彼女は，幼いハイフェッツに投影した要求と期待に対しての彼女自身の感情的反応を観察し，初めて意識と無意識をシャトル（往復）する経験をしていたのだった。

　多くの心理療法家が，薬物療法や薬理学的発想と心理療法とが，相互に排他的なものだという偏見を持っている。これは，事実とはまるでかけ離れている。薬物療法は，心理療法の大変有益な補佐役になりうる。私は，何年も薬物療法に抵抗し，ようやく薬物療法を試すことに同意してから急速に良くなったクライエントと，心理療法をしたことがある。臨床家の中には，ほとんどまるで薬物反対運動をしているかのように，かたくなに薬物に反対する者もいる。私の経験では，こうした人たちは，知識よりはむしろ感情によって動機づけられている。もしかすると，彼らの家族の中で薬物やアルコールによる虐待があったか，ニューエイジの思想に身を捧げたか，どちらにせよ，彼らは現代の薬物療法の幅広い多様性についての知識をまったく欠いているのだろう。それは，薬物療法についてよく知らないか，先入観を持っているクライエントに対する，ひどい仕打ちである。あなた自身を教育することに時間をかけるべきだ。そして，あなたが協働できるような良い薬理学者を見つけるべきだ。

　あなたがハンマーを持てば，すべてのものが釘のように見え始めるかもしれない。同様に，ある特定の心理療法の学派の熱心な支持者には，その臨床家がたった一つの正しい方法だと信じているやり方で，すべてのクライエン

トを治療する必要があるように見えるものだ。心理療法のアプローチは，理論的な経験則（現実と人間としての経験を見る仕方）に基づいている。あらゆる心理療法の唯一の真の試金石は，ある特定のクライエントにそれが有用であるかどうかである。結局のところ，心理療法の四つの主要な技法[訳注†2]は，すべて重要なのである。私たちは，個人と家族，意識と無意識，認知と感情のすべてについて考えなければならない。だとしたら，なぜ一つに決めるのだろうか。あなたの治療にそれらを使い，統合して，かつ新しい治療の可能性に開かれたままでいるように試みるべきである。あなたのクライエントに潜在的に助けになるものは，何でも使うべきなのだ。また，あなたが提供できないものを必要とするクライエントに出会うかもしれないことを認識し，あなたの職能団体の中で，代わりとなる資源を把握しておくべきである。

どこで働くべきか

　心理療法家は，多くのさまざまな環境で働いている。私設心理相談（個人開業）をはじめとして，病院，地域の精神保健センター，学校，クリニック，企業で働くことができる。クライエントを治療するだけでなく，他の心理療法家のスーパービジョン，ケースの評価とマネージメントや，管理的な業務もできる。この選択肢の広さは，私たちの領域のとても素晴らしい面の一つである。

　私設心理相談は，最も独立していて，自分のスケジュールを管理できるので，魅力的である。私設心理相談で成功するには，自分で組織し，動機づけ，起業精神にあふれることが必要である。もしあなたが組織に関与することが好きな社交的な人なら，あなたがしていることを人に話せばよい。私の実践を売り込むのに最善のやり方は，講演して人々に情報と資源を提供することだった。また，いくつかの特殊な領域を深めるのも良いことで，論文も書け

---

†2　認知行動療法，システム論的家族療法，精神力動的心理療法，クライエント中心療法または実存的‐人間性心理療法の四つを指す（第 3 章と本章の「どんなオリエンテーションの心理療法を選ぶべきか」を参照）。

るし，講演のトピックにもできる。これらのことは，あなたが他の心理療法家や一般大衆の目に触れる機会を増やすことになる。

　多くの理由で私設心理相談は良い選択であるが，いくつかの短所もある。私設心理相談はビジネスであり，あなたのクライエントは顧客となり，マーケティング，経費，自分ひとりで取扱件数に責任を負うといったことを，考えなければならない。次のことは，あなたにはどのように感じられるだろうか。

- あなた自身を売り，あなたの実践を宣伝すること。
- 無給休暇。
- 休みを取ることが難しいこと。
- あなた自身の医療保険，過失責任保険，退職手当を支払うこと。
- もし別の都市に移転したら，また一から始めなければならないこと。

　私設心理相談を始める前に，以上のことすべてをよく考えておくべきだ。

　私設心理相談のもう一つのリスクは，あなた自身が創り出した世界の中では，あなたが神だということである。心理療法家は，神父や映画スターや幼稚園の先生のように，あまりにも多くの人々に対して，あまりにも多くの力があることに，悩むことがありうる。私設心理相談でのバランスを欠いた関係性は，現実を離れて漂流する一因となりうるし，人間的な触れ合いを求めて心理療法家をクライエントに依存させる可能性もある。もしあなたが私設心理相談を選ぶのなら，守秘義務を保ちつつ，何でも話せる同僚をしっかりと作るべきだ。クライエントについて同僚に率直に話し，間違いがなく思いやりのあるピア・スーパービジョンと，可能な限りのフィードバックを受け続けるべきだ。こうした類の関係性と誠実なフィードバックは，あなたがどこで開業しても不可欠である。

　もしあなたがビジネス志向でなく，自発的でなく，あちこちに自由に移動したいのであれば，長期計画としては私設心理相談は良くないだろう。1時

間で 100 ドルかそれ以上を請求できることが素晴らしいことに思えるなら，税金と諸経費（賃貸料，電話料金，保険料など）を差し引いた後には，40ドルそこそこが手元に残るだけだということを，心に留めておくとよい。私はよく学生に，私設心理相談を楽しめるものにする鍵は，金持ちと結婚することだ，と冗談を言っている。そうすれば，クライエントを選べるし，時間を選べるし，贅沢に暮らせる。もしあなたがそれほど幸運でないとすれば，仕事の選択を慎重にすることが，さらにいっそう重要になる。

　他の人気がある選択肢は，病院やクリニックや地域機関で働くことである。その強みは，クライエントの一定の循環があること，定まった給与，利益，それに組織に所属していることである。組織は社会的なシステムと後ろ盾を提供してくれる。また，週末には携帯電話のスイッチを切っておきたい人に必要な，オンコール・カヴァレッジ（"on-call" coverage）^{訳注†3} も提供してくれる。それに，開業を一から始めて発展させていくよりも，あちこちに移動することがずっと容易になるし，他の仕事を見つけやすくもなる。公務員にはそれなりのデメリットがある。つまり，仕事を自分で十分にコントロールできないこと，服従を求められること，山のような事務仕事，公務員というシステムに本来的にある制限である。

　こうした問題や制限があるにもかかわらず，組織で働くほうを好む心理療法家もいる。彼らは，組織の現実や役所の仕事に直面しても耐えられるほど，十分成熟しているのだ。彼らの心理療法的な興味と，彼らがサービスをしたいと思うクライエントには，組織を通していとも簡単につながれるし，彼らは組織にいれば避けられない対人的・経済的力関係によってやる気をなくすこともない。問題は，ある特定の現場が他よりも良いか悪いかではなく，その現場があなたに合っているかどうかなのである。

---

†3　アメリカにある，時間外に臨時に医師を派遣するシステム。呼び出しに対応するために待機している医師には，一定の報酬が支払われる。

第14章 やるべきことをやる

穏やかな追いはぎの人生を，良い方向に導くのは難しい。
それでも，彼の人生は春の喜びで輝き，さらに空の広大さで常に輝いている。

── ランザ・デル・ヴァスト

　あなたはすでにお気づきだろうが，本書の中で，私がいかに素晴らしい心理療法家であるか，と言うつもりはまったくない。ここまでを振り返ってみても，多くは私の混乱と逆転移と無知に満ちている。私がこの仕事を始めたばかりのときには，この本を書くことはできなかっただろう。なぜなら，心理療法家であるということが完璧であることと何の関係もないと気づくのに，何年もかかったからである。私はずっと，完璧な人間なんていないということを頭では分かっていたが，私自身が不完全であるという感情的現実を受け入れることは難しかったのだ。

　心理療法家になるために絶対不可欠なことは，自分自身の限界に直面しながらも，自己受容の旅を続けることである。限界とともに自分自身を受け入れることと，限界をよそに自分自身を受け入れることは，まったく異なっている。これは，単に意味上の違いに聞こえるかもしれないが，深く経験に基づいた違いである。私たちは限界とともに，あるいは限界の近くで心理療法をすることを学べるように，自分の限界を受け入れなければならない。その人全体を誠実に受容することは，ほど良い親がその子どもにしていることであり，ほど良い心理療法家がクライエントにしていることでもある。私たち自身の限界を受け入れることは，単にそれに耐えるだけでなく，感情的な成長に必要なセルフケアにもなる。最終的に自分自身と打ち解ければ，間違いを犯すことをそれほど恐れなくてもよくなるのである。

　残念ながら，ほとんどの訓練プログラムが，「どうあるべきか」ではなく「何

をするべきか」にもっぱら重点を置いている。「どうあるべきか」が扱われるとしたら，どこか別の場所で扱われているのだろう。大多数の学生には，自己洞察や気づきを広げることに専念する時間はほとんどない。心理療法家になることは，しなければならないことのリストの上に成り立っており，個人的な発見は曖昧で遠くにある概念なのである。この考え方に従えば，心理療法は，クライエントと共にではなく，クライエントに対して行うことになる。このあり方は，内的な経験にほとんど重きを置かず，何百ものサーカスの火の輪をくぐるように学生を忙しくさせ続けるような，訓練プログラムによって強化されてきた。今や心理療法は，情報の集まり，一連の技法，果ては学ぶべき心理学用語の目録のように教えられているのである。

　私は心理療法を，活動や成果というよりも，心の状態として考えたい。そういう理由で，私は，何年も教育にたずさわる間に，学生たちに心理療法の技術を教えることから，自分を発見する方法を教えることへとシフトしてきた。そこで絶対に不可欠なのは，私自身の自己発見，欠点，失望にまつわるいくらかの苦闘を，学生と共有することだった。

　私の指導者やスーパーバイザーたちは，内的な体験や訓練中に直面した課題について，特に開示はしてくれなかった。おそらく，彼らの個人的な問題で学生に負担をかけることは適切ではないと思っていたのだろう。あるいは，それが職業上の境界を侵すと感じたのかもしれない。もし指導者たちが，自らの個人的な経験を私ともっと共有してくれていたら，私の訓練での経験はまったく違うものになっていただろう。私はそうしてほしかった。私が学び始めた地点から彼らのいる地点に到達することを，私が想像するのはとても難しかったということは分かっている。しかし，もし私が，自分が直面していると思ったのと同じくらい大きな障壁を彼らも乗り越えてきたのだと知っていたら，それはきっと助けになっただろう。

マインドフルネス^{訳注†1}

　私は，良い心理療法家であるための鍵は，自己認識にあると確信している。

だからこそ私は，マインドフルネスと自己認識の広がりを，毎日の生活の中にもたらす方法を見つけることが不可欠だと感じている。本書を書くにあたって，私は伝統的な精神力動的視点に焦点を当てることを選び，それゆえ，抵抗，投影，逆転移といった用語を用いてきた。しかし，心理療法は，自己認識を広げる数多くの方法の中の一つにすぎないのである。

　瞑想，ヨガ，武道も，自己認識を広げるために使うことができる。知恵に関する哲学（wisdom philosophy），自然の中で時間を過ごすこと，あるいは子どもと遊ぶことも，また同様である。外国を旅行しているときや，望遠鏡で夜の空を見つめているときにも，自分自身について多くのことを学んでいると感じる。心理療法家の内界の旅は，心や意識的な経験の働きを理解するための多くの視点と訓練を通して，探索され，深められる。

　心理療法を単なる専門的職業ではなく，呼び寄せられるものであり，ライフスタイルであり，人間的な成長の手段でもある，と考えてみるようにお勧めしたい。心理療法家は，答えを探す人である。しかし，クライエントのために答えを見出すことだけで終えてはいけない。その道中で，あなた自身の答えも見出さなければならないのである。あなた自身の真実を見つけ，あなた自身の道を発見しなければならない。そのためには，妥協してはならない。

　心理療法家は，クライエントに説いたことと心理療法家自身の生き方との間に大きな隔たりがあると，自分が詐欺師になったように感じるかもしれない。しかし，もしあなたが人生（それに向けて努力するようにと，あなたがクライエントに勧める人生）を誠実に生きるのであれば，詐欺師になったように感じることはない。私が言いたいのは，すべての目標を達成すべきだということではなく，むしろ，あなたが自分の感じや願望に気づき，あなたのできることを達成し，達成できなかったことを受け入れることが大切だということである。

---

†1　「マインドフルネス」は，分子生物学者ジョン・カバットジン（1944-）が，自らの禅体験をもとに提唱したストレス低減法。評価や価値判断をすることなく，今この瞬間の経験に注意を向けること。

　個人的な失敗の経験は，成長に不可欠である。それは，私たち自身について知ることを助けてくれ，特に私たちの性格の強みを照らし出すために重要なものである。同じように，関係性における失敗は，決裂した関係性を修復する機会を与えてくれ，また，間違い，不安，恐れは耐えるだけでなく超えてもいけるものであると教えてくれ，さらに，より強い関係性を作る基礎としての役目も果たしてくれる。これらが，私が前述した，良い間違いである。それは，個人の性格と強い関係性を成長させてくれる中核となる。繰り返される決裂と修復の経験こそが，クライエントの，あなたの人生の中の他者の，そしてあなた自身の，安全な愛着を確立する中核なのである。

再　会

　最大限の警告，戒め，危険信号にもかかわらず，なぜまだ心理療法家になりたい人がいるのだろうか。実は，あらゆる困難やリスクや課題があるにせよ，心理療法家になるということは，信じられないほど豊かで意味深いことなのである。この仕事は，知的にも感情的にも人を導いていく，最も難しい専門的職業の一つであるが，他者を手助けする機会を与えてくれるだけでなく，私たち自身を発見し，人間としての可能性を最大限に引き出してくれるのである。

　もしクライエントが私に，私が彼らにエネルギーをつぎ込む理由を尋ねたら，私は彼らが深い理解に至ることを信じており，そして私たちは皆，良い変化への可能性を持っているから，と答えるだろう。心理療法は非常に楽観的な試みであり，私たちの楽観性は，治療関係に貢献しているとても重要なものの一つである。私は多くの治療上の失敗を覚えているが，同じくらいの数の成功も覚えている。

　そうした記憶の一つが，ある年老いた父親と，彼の成人した娘との面接である。私は，ケンが感情によりよく気づき，それを周囲の人たちに表現するのを手助けするために，何年もの間会い続けていた。彼は，企業の重役としての長いキャリアを終えるところで，それまでは，ビジネスでの成功を築き

上げることに人生のすべてを捧げてきたのだった。残念なことに，彼はビジネス上の戦略を家庭生活にも当てはめようとし，妻や子どもの前でも，夫や父親ではなく CEO として振る舞った。ケンが私に，娘のケリーが帰ってきたと話したとき，私は次の面接に彼女を連れてくることを提案した。ケンはケリーのことを，明るく，美しく，そして問題を抱えている，と表現した。彼は，彼女の問題が自分のせいではないかと，危惧していた。

　ケンとケリーはソファの両端に座ると，次に何が起こるのかと不安げな様子で，身を乗り出していた。ケンは咳払いをし，ケリーは目を見開いた。少し後押しすると，彼は今まで決して表現してこなかった，ケリーに対しての感情を語り始めた。彼は，彼女が生まれたばかりのとき，幼児のとき，少女のとき，そしてバラ色の頬をしたチアリーダーのときの記憶を生き生きと語り，大学を卒業するときには誇らしく思ったことを語った。彼は，ケリーがいかに明るく美しいか，そして自分が引退しようとする今，より多くの時間をともに過ごすことをいかに望んでいるか，ということも話した。ケリーは，彼の言葉を聞いて涙を流し，磁石のように父親に引き寄せられた。彼らはすぐに抱き合い，私はケンの目に涙が浮かんでいることに気づいた。私は，自分の目にも涙が浮かんでいるのを感じた。

　人と人をつなぐのを手助けすることは，温かさや感謝の気持ちで私を満たしてくれる。希望を持てずにいる人に希望をもたらすことは，地球上のすべての人たちとの深い絆を，私の中に感じさせてくれる。被害を受けたクライエントを力づける触媒になることは，私の人生にも意味があると信じさせてくれる。このような至高体験^{訳注†2} は毎日あるものではないが，私がこのままこの仕事を続けてもよいと思えるくらいには，しばしば起こるものである。

　これらは，豊かで満足できる，これ以上ない報酬である。私は，そのすべてがあなたにも経験できるよう，祈っている。

---

†2　「至高体験」は，人間性心理療法の主唱者，アブラハム・ハロルド・マズロー（1908-
　　1970）の用語。宗教的な啓示にも似て，日常を超越した，至上の幸福や達成を感じる
　　瞬間の体験を言う。

文　献

Basch, M. (1988). Understanding psychotherapy: The science behind the art. New York: Basic.

Bloom, B. (1997). Planned short-term psychotherapy: A clinical handbook. Boston: Allyn & Bacon.

Castaneda, C. (1972). Journey to Ixtlan: The lessons of Don Juan. New York: Pocket Books.

Coelho, P. (1987). The pilgrimage. New York: Harper Flamingo.

del Vasto, L. (1974). Principles and precepts of the return to the obvious. New York: Schocken.

Dinesen, I. (1992). Out of Africa. New York: Modern Library. (Originally published 1937)

Giovacchini, P. (1989). Countertransference triumphs and catastrophes. Northvale, NJ: Aronson.

Hammarskjold, D. (1964). Markings. New York: Knopf.

James, R., & Gilliland, B. (2003). Theories and strategies in counseling and psychotherapy. Boston: Allyn & Bacon.

Kaslow, F. (Ed.). (1984). Psychotherapy with psychotherapists. New York: Haworth.

Kidd, S. M. (2002). The secret life of bees. New York: Penguin. Kingsolver, B. (1992). Pigs in heaven. New York: Harper Collins.

Kingsolver, B. (1992). Pigs in heaven. New York: Harper Collins.

Kottler, J. (1989). On being a therapist. San Francisco: Jossey-Bass. Langs, R. (1976). The bipersonal field. New York: Aronson.

Levy, D. (1997). Tools of critical thinking: Metathoughts for psychology. Boston: Allyn & Bacon.

Lucas, S. (1993). Where to start and what to ask: An assessment handbook. New York: Norton.

Marai, S. (2002). Embers. New York: Knopf.

Masterson, J. (1983). Countertransference and psychotherapeutic technique: Teaching seminars on psychotherapy of the adult borderline. New York: Bruner/Mazel.

McClure, F., & Teyber, E. (2003). Casebook in child and adolescent treatment: Cultural and familial contexts. Pacific Grove, CA: Brooks/Cole.

Miller, A. (1981). Prisoners of childhood: The drama of the gifted child and the search for the true self. New York: Basic.

Natterson, J. (1991). Beyond countertransference: The therapist's subjectivity in the therapeutic process. Northvale, NJ: Aronson.

Patchett, A. (1997). The magician's assistant. New York: Harcourt Brace.

Perlman, S. (1999). The emotional survival of the therapist. Northdale, NJ: Aronson.

Piper, M. (2003). Letters to a young therapist. New York: Basic.

Reich, W. (1972). Character analysis. New York: Farrar, Straus & Giroux.

Robertiello, R. C., & Schoenewolf, G. (1987). 101 common therapeutic blunders. Northdale, NJ: Aronson.

Shiraev, E., & Levy, D. (2001). Introduction to cross-cultural psychology: Critical thinking and contemporary applications. Boston: Allyn & Bacon.

Slakter, E. (Ed.). (1987). Countertransference: A comprehensive view of those reactions of the therapist to the patient that may help or hinder treatment. Northvale, NJ: Aronson.

Thoreau, H. D. W. (1995). Walden. New York: Houghton Mifflin. (Originally published 1854)

Vimalakirti (1976). The holy teachings of Vimalakirti: A Mahayana scripture. R. Thurman, (Trans). University Park: The Pennsylvania State University Press.

Yalom, I. (2002). The gift of therapy: An open letter to a new generation of therapists and their patients. New York: Harper Collins.

邦訳文献

カスタネダ（Castaneda, C.）／真崎義博訳（2012）．イクストランへの旅．太田出版．

コエーリョ（Coelho, P.）／山川紘矢・山川亜希子訳（1995）．星の巡礼．角川書店．

ディネセン（Dinesen, I.）／横山貞子訳（2018）．アフリカの日々．河出書房新社．

ハマーショルド（Hammarskjold, D.）／鵜飼信成（1999）．道しるべ．みすず書房．

キングソルヴァー．真野明裕訳（1994）．天国の豚（上下）．早川書房．

ルーカス（Lucas, S.）／小林茂監訳（2021）．対人援助職のためのアセスメント入門講義
　　――ソーシャルワーカー・心理師必携．金剛出版．

マスターソン（Masterson, J.）／成田善弘訳（1987）．逆転移と精神療法の技法．星和書店．

ミラー（Miller, A.）／山下公子訳（1996）．新版　才能ある子のドラマ――真の自己を求
　　めて．新曜社．

ライヒ（Reich, W.）／小此木啓吾監訳（1995）．性格分析――その技法と理論．岩崎学術出
　　版社．

ソロー（Thoreau, H. D. W.）／飯田実訳（1995）．森の生活（ウォールデン）（上下）．岩
　　波書店．

ヤーロム（Yalom, I.）／岩田真理訳（2007）．ヤーロムの心理療法講義――カウンセリン
　　グの心を学ぶ85講．白揚社．

監訳者あとがき

　本書は，ルイス・ゴゾリーノ（Louis Cozolino）の手による *The Making of a Therapist : A Practical Guide for the Inner Journey.* W. W. Norton & Company の全訳である。ハードカバー版が 2004 年に出版されてから英語圏でロングセラーを続け，2021 年には，コゾリーノ自身が編集している「ノートン対人関係神経生理学シリーズ」の 1 冊として，ペーパーバック版が出版された。本書は，この 2021 年に出版されたペーパーバック版を底本としている。

　著者のルイス・コゾリーノは，1953 年生まれで，現在は Pepperdine University の教授を務めるかたわら，ロサンゼルスで個人開業もしている心理療法家である。彼は，哲学の学士号，神学の修士号，臨床心理学の博士号を持っている。2002 ～ 2021 年の間に 12 冊の単著を出版し，ドイツ語やスペイン語にも翻訳されている。心理療法と脳神経生理学の知見を結びつけた著書が多数あり，その分野の論客のひとりと言えるが，心理療法の入門書である本書でもその片鱗はうかがえる。最近は，主に心理療法，神経科学，トラウマ，愛着について，世界中で講演をしている。

　本書の紹介を兼ねて，監訳者がこの本を訳そうと思った理由をいくつか述べたい。

　まず，目次を見ていただくと，「面接初期を切り抜ける」「クライエントを理解する」「あなた自身を理解する」の 3 部に分かれている。そこからだけでも，本書がいわゆる概念網羅的な解説を目的とした入門書ではなく，困難な心理療法を実践し貫徹するための入門書だと分かる。心理療法の本質は，クライエントとの対話を通して，心理療法家がクライエントを共感的に理解することであるが，実際にはそれが困難になる局面が多々あり，そこを乗り

越えることが，心理療法を終結まで至らせるのに不可欠なこととなる。その
ときには，心理療法家自身が自分と向き合うことが必要となる。そうした心
理療法の特殊性と困難さについて，筆者のコゾリーノは，自分の豊富な臨床
経験や教育経験から具体例をあげて，分かりやすく述べている。こういう入
門書は，ありそうでなかったと思う。

　第二の理由は，コゾリーノは精神力動的（精神分析的）心理療法を専門と
しており，本書もその線で書かれているが，彼は実際の臨床を行うにはそれ
だけでは不十分で，精神力動的心理療法に加えて，認知行動療法，システム
論的家族療法，実存的-人間性心理療法の四本柱が必要だと言う。監訳者の
つたない臨床経験から見ても，一つの技法だけで実際に数多くのクライエン
トに対応できるとは思えない。そこで，数多くある心理療法の技法のなかで
この四つの技法を柱とするのはとても妥当に思われるし，コゾリーノが日頃
から，自分の理論的立場を優先するのではなく，どうすることがクライエン
トにとって良いかと考えている証（あかし）でもある，と思われる。監訳者自身，どう
せ時間をかけて心理療法を学ぶのであれば，こういう実践家から学びたいと
思うのである。

　第三の理由は，コゾリーノが専門とする精神力動的心理療法におけるスタ
ンスの取り方である。精神分析の創成期にフロイトは「分析家は被分析者の
内界を客観的に映し出すスクリーンとなるべきだ」と考えていたが，その後
に同じ精神分析の中でも対象関係論や自己心理学が発展してくるなかで，分
析家も主観を持った人間であり，クライエントとの相互作用によって分析過
程が進展する，と考えられるようになってきた。現在，その方向性を最も明
確に打ち出しているのが，間主観性精神分析と呼ばれる学派であるが，その
学派は，乳幼児精神医学，なかでも脳神経の発達研究から多大な影響を受け
ながら発展してきた経緯がある。コゾリーノが，心理療法と脳神経生理学の
知見を結びつける分野の論客のひとりだとすでに述べたが，コゾリーノは，
フロイトから始まって，脳神経生理学と密接に関係する間主観性精神分析に
至るまでの精神分析の流れを全体的に見通して，精神力動的心理療法を語っ

ている。そうした視野の広さと深さも，監訳者にはとても信頼が置けるものに思えるのである。

　そうした理由によって，監訳者は日本で心理療法を学んでいる方や実践している方に，この本を届けたいと思った次第である。本書が，心理療法を学んでいる方，苦労しながら実践している方，またそういう方を指導したり，心理療法を研究したりしている方のお役に少しでも立つことができれば幸甚である。

　翻訳作業は，監訳者の同僚である，愛知県精神医療センター総合医療部臨床心理科のメンバー（当時）に手伝ってもらった。彼らに訳文を作ってもらい，監訳者が訳語と文体の統一を図った。したがって，不十分な表現や誤りがあれば，それは監訳者の責任ということになる。最後に，誠信書房の編集部長中澤美穂氏がいなければ，この本は世に出ることがなかった。中澤氏が最初から最後まで丁寧に導いてくださったことに，訳者一同感謝申し上げたい。

山田　勝

索　引

■監訳者紹介

山田　勝（やまだ　まさる）【第7・8・13章】
愛知教育大学大学院教育学研究科修士課程修了後，名古屋大学医学部精神医学教室入局。
1991年，愛知県立城山病院（現　愛知県精神医療センター）に勤務。現在に至る。臨床
心理士。公認心理師。
著書　『仕事としての心理療法』（共著）人文書院 1999，『臨床心理学にとっての精神科臨
　　　床』（共著）人文書院 2007，『クライエントと臨床心理士』（共編）金剛出版 2016，
　　　『ロールシャッハ法解説—名古屋大学式技法』（共著）金子書房 2018
訳書　マクダニエルほか編『治療に生きる病いの経験』（共訳）創元社 2003，ホワイト『セ
　　　ラピストの人生という物語』（共訳）金子書房 2004，ホワイト『ナラティヴ・プラ
　　　クティスとエキゾチックな人生』（共訳）金剛出版 2007，レイほか編『解決が問題
　　　である』（共訳）金剛出版 2011，ジャクソン『家族相互作用』（共訳）金剛出版
　　　2015

■訳者紹介（担当箇所順）

宮地景子（みやち　けいこ）【はじめに】
　　人間環境大学大学院修士課程修了。元愛知県精神医療センター。臨床心理士。公認心理
　　師。

権田彩圭（ごんだ　あやか）【第1章】
　　椙山女学園大学大学院人間関係学研究科修士課程修了。元愛知県精神医療センター。臨
　　床心理士。公認心理師。

沢出新吾（さわいで　しんご）【第2・10章】
　　中京大学大学院心理学研究科修士課程修了。名古屋市精神保健福祉センター，名古屋市
　　職員共済組合を経て，愛知県精神医療センター。臨床心理士。公認心理師。

森　晶仁（もり　あきひと）【第3章】
　　日本福祉大学大学院社会福祉学研究科修士課程修了。名古屋市中央児童相談所，法務省
　　矯正局名古屋少年鑑別所を経て，愛知県精神医療センター。臨床心理士。公認心理師。

中川麻由子（なかがわ　まゆこ）【第4章】
　　中京大学大学院心理学研究科修士課程修了。社会医療法人緑峰会養南病院，名古屋第二
　　赤十字病院を経て，愛知県精神医療センター。臨床心理士。公認心理師。主な著作は，『日
　　常臨床に生かす精神分析　現場に生きる臨床家のために』（共著）誠信書房 2017

立松昌憲（たてまつ　まさのり）【第5章】
　人間環境大学大学院人間環境学研究科修士課程修了。豊田市青少年相談センター，医療法人松崎病院豊橋こころのケアセンターを経て，愛知県精神医療センター。臨床心理士。公認心理師。

三輪なつみ（みわ　なつみ）【第6・14章】
　名古屋大学大学院教育発達科学研究科博士前期課程修了。愛知県精神医療センター。臨床心理士。公認心理師。

松浦　渉（まつうら　わたる）【第9章】
　名古屋大学大学院教育発達科学研究科博士後期課程在学中。愛知県精神医療センター，愛知医科大学病院などで非常勤勤務。臨床心理士。公認心理師。

日比はるな（ひび　はるな）【第11章】
　人間環境大学大学院人間環境学研究科修士課程修了。愛知県精神医療センター。臨床心理士。公認心理師。

野村菜月（のむら　なつき）【第12章】
　名古屋大学大学院教育発達科学研究科博士前期課程修了。愛知県精神医療センター，名古屋スクールカウンセラーを非常勤勤務。臨床心理士。公認心理師。

ルイス・コゾリーノ 著
心理療法家になる —— 内界の旅への実践ガイド

2022 年 12 月 10 日　第 1 刷発行

監 訳 者	山 田　　勝	
発 行 者	柴 田 敏 樹	
印 刷 者	日 岐 浩 和	

発 行 所　株式会社 誠 信 書 房
〒112-0012　東京都文京区大塚 3-20-6
電話 03 (3946) 5666
https://www.seishinshobo.co.jp/

印刷／中央印刷　製本／協栄製本　　　　落丁・乱丁本はお取り替えいたします
検印省略　　　　　　　　　　無断で本書の一部または全部の複写・複製を禁じます
© Seishin Shobo, 2022　Printed in Japan　　ISBN 978-4-414-41487-5 C3011

心理職を目指す
大学院生のための
精神科実習ガイド

津川律子・橘玲子 編

実習の心構えや、実習先での身の振り方・学び方などとともに、教員や指導者のヒントとなる情報も紹介した、精神科実習必携の書。

A5判並製　定価(本体2500円＋税)

トラウマを抱える
子どものこころを
育むもの
アタッチメント・神経科学・マインドフルネスとの出会い

グレイアム・ミュージック 著
鵜飼奈津子・藤森旭人 監訳

苛烈な虐待を受け、関係を築くことが難しい子どもに対し、人として生きる力を呼び戻すセラピー過程を、圧倒的な臨場感をもって描く。

A5判並製　定価(本体3200円＋税)